T0329290

EL REMEDIO EN LA DESDICHA

LOPE DE VEGA

EL REMEDIO
EN LA DESDICHA

Edited with Introduction

by

J. W. BARKER, Ph.D.

*Lecturer in Spanish in the
University of Cambridge*

CAMBRIDGE

AT THE UNIVERSITY PRESS

1931

CAMBRIDGE
UNIVERSITY PRESS

University Printing House, Cambridge CB2 8BS, United Kingdom

Published in the United States of America by Cambridge University Press, New York

Cambridge University Press is part of the University of Cambridge.

It furthers the University's mission by disseminating knowledge in the pursuit of
education, learning and research at the highest international levels of excellence.

www.cambridge.org
Information on this title: www.cambridge.org/9781107629325

© Cambridge University Press 1931

First published 1931
First paperback edition 2014

A catalogue record for this publication is available from the British Library

ISBN 978-1-107-62932-5 Paperback

CONTENTS

CONTENTS

PREFACE

LOPE FELIX DE VEGA CARPIO is said to have written 1800 plays and 400 *autos*. Despite his fame, the many details of his life given in most manuals of literature and the glorification of his achievements in prose and verse for 300 years, reliable texts of his works, with six or seven exceptions, have been available only in the large and expensive collections. *El mejor alcalde, el Rey,* already published in the Cambridge Plain Texts, is a representative example of the justice-loving King type of heroic play. *El remedio en la desdicha* is representative of the Chronicle group dealing with Moorish subjects, chiefly of the fifteenth century, and is now printed primarily for its interest as a reading text. More advanced students, however, will find it a very profitable study for other reasons. It is a starting point from which to follow Lope's rapidly developing powers of versification and dramatic construction. Some hints and suggestions are given on these points in the Introduction. Indebtedness to other workers is mentioned in the notes.

J. W. B.

Downing College, Cambridge
March 1931

INTRODUCTION

LOPE DE VEGA (1562–1635), the popular dramatist, treated the *romances moriscos*, *romances fronterizos* and the tales of Moorish life which were so common in the second half of the sixteenth century in various ways. In *El cerco de Santa Fe*, 1ª parte 1604, his theme was the *romance* with the same title. *El primer Fajardo* (published 1617) deals with the famous game of chess, "*Jugando estaba el Rey moro.*" The substance or actual text of the *romances de Zaide* in the *Romancero* of 1600 is to be found in the *Guerras Civiles*[1]. In *La Dorotea* (1632), Act II, Sc. v, he included his early *romance*, "*Cautivo el Abindarráez Del Alcaide de Antequera.*" *Los Çegríes y Bencerrajes* (a play written before 1603) and *La envidia de la nobleza* (a late play), called also *Prisión de los Bencerrajes*, dealt with the fall of that unfortunate tribe, while *El hijo de Reduán* and *El hidalgo Bencerraje* are an imaginative synthesis of popular literature and contemporary ideas.

But *El remedio en la desdicha* is Lope's most complete treatment of a Moorish theme. As a background it has the conflict between Moor and Christian and the internal dissensions among the Moors of Granada which culminated in the *Degollación de los Abencerrajes* by Abul Hassán. In particular its subject is the troubled love of Abindarráez and Jarifa in close relation and contrast with the generosity and restrained passion of the Christian knight, Rodrigo de Narváez. The sub-plot, on a lower plane, rivals—perhaps outrivals—the main plot in interest. Rodrigo, who dominates the action, was an historical character, mentioned in Mariana's *History*, Pulgar's *Claros Varones*, Ferrant Mexia's *Nobilario vero* and the anonymous *Crónica del Rey Don Juan el Segundo*, Año 1410, cap. XXVI. "Roderick of Narvaez was

[1] Pérez de Hita, *Guerras Civiles de Granada*, ed. P. Blanchard Demouge, Madrid, 1913–15.

left Governor of the City and Castle and took his oath accordingly" (Mariana, Book XIX, Ch. X. Trans. Capt. John Stevens, 1699).

"¿Quién fué visto ser más industrioso ni más acebto en los atos de la guerra que Rodrigo de Naruaes, cauallero fijodalgo, a quien, por notables fazañas que contra los moros fizo, le fué cometida la cibdad de Antequera, en la guarda de la cual, y en los vencimientos que fizo a los moros, ganó tanta honra y estimación de buen cauallero, que ninguno en sus tiempos la ouo mayor en aquellas fronteras? Y es de considerar, que como quier que los moros son omnes belicosos, astutos e muy engañosos en las artes de la guerra, e varones robustos e crueles, e aunque poseen tierra de grandes e altas montañas, e de logares tan ásperos e fragosos que la disposición de la misma tierra es la mayor parte de su defensa: pero la fuerça y el esfuerço destos caualleros, e de otros muchos nobles e fijosdalgos vuestros naturales, que continuaron guerra con ellos, siempre [los] oprimieron a que diesen parias a los reyes vuestros progenitores, e se ofreciesen por sus vasallos" (Pulgar, *Claros Varones de Castilla*, Título XVII). Lope's version of Narváez's love-story differs from that given in the *Inventario* of Villegas.

THE DATE OF COMPOSITION

Literary references, date of publication, style, versification and type of *gracioso* seem to indicate the year 1596, or the years immediately following, as the date of composition. *El remedio* was first published in the "Trecena parte de las comedias de Lope de Vega, Procurador Fiscal de la Cámara Apostólica en el Arzobispado de Toledo. Dirigidas, cada una de por sí, a diferentes personas. Año 1620. Con privilegio. En Madrid. Por la viuda de Alonso Martín. A costa de Alonso Pérez, mercader de libros." This thirteenth part was licensed for publication in 1619. But Nicolás de los Ríos, the noted actor-manager, put the play on the stage and he had died in 1610. In *El Peregrino*, a miscellany licensed for publication in 1603, Lope gives a list of his dramatic works, and among them is *Abindarráez y Narváez*: this is generally accepted as our play. Lope was accustomed to gather the outstanding lyrics from his plays to publish in collections. Thus the sonnet, "*Bañaba el sol la crespa y dura cresta*," ll. 438–51, spoken by Narváez, had been included as early as 1602 in *Las Rimas* with *La Hermosura de Angélica*. Further, ll. 937–9, 950, 952, *Sola esta vez quisiera...* take us back another step. They are quoted in the *Romancero General* of 1600, and were taken from the *Arcadia* of 1598. The lines were originally written in Toledo in 1588 [1]. *El remedio*, therefore, seems to have been written during the period 1588–98, and a more precise date can be assigned from a consideration of the sources of the play.

SOURCES

Of the various Spanish themes that have caught the popular imagination in Spain, France and England, few have had a more wide-spread appeal than the picturesque, romantic love of Abindarráez and Jarifa in its setting of Christian and Moorish exploits culminating in the feuds of the beleaguered Granadinos. Voiture, Mme de Lafayette, Mlle de Scudéry, Chateaubriand and Sir Walter Scott abroad, with Martínez de la Rosa and Zorrilla, among others, in Spain, have all been attracted. The story of the young lovers may well be true in substance, though serious historians do not mention it until the end of the sixteenth century. The literary history of the story seems to be as follows. In the fifteenth century grew up a series of *romances* of which a fragment has been preserved in Villegas, Montemayor and Lope:

Nascido en Granada,
Criado en Cártama,
Enamorado en Coín,
Frontero en Alora.

[1] Lope de Vega, *Poesías Líricas*, 2 tomos: *Clásicos Castellanos*, t. II, p. 19.

Out of these *romances* grew a popular novel of which is preserved:

"*Parte de la Crónica del ínclito infante D. Fernando, que ganó a Antequera: en la qual trata como se casaron á hurto el Abendarraxe Abindarráez con la linda Xarifa, hija del Alcaide de Coin, y de la gentileza y liberalidad que con ellos usó el noble Caballero Rodrigo de Narbaez, Alcaide de Antequera y Alora, y ellos con él.*"

Narváez was not Alcaide de Alora, so this *Crónica* is possibly posterior to 1492[1]. On this *Crónica* is certainly based the story in the *Inventario* of Villegas[2] which was ready for the press in 1551. In the 1562 edition of Montemayor's *Diana* the editor inserted the same story, based on Villegas, but with sundry omissions.

During the second half of the sixteenth century the story became still more popular and was reproduced in prose and verse. The source of each of the following versions seems to be Montemayor or Villegas with additions from popular sources, or from 'Histories.'

Un romance artístico in Timoneda, *Rosa de Amores*, 1573.

Two poems in Henares Lucas Rodríguez, *Romancero Historiado*, 1579.

An anonymous ballad, *Ya llegaba Abindarráez—a vista de la muralla.*

Francisco Balbi de Correggio, *Historia de los amores del valeroso moro Abinde-Arraez y la hermosa Xarifa Abencerases*, Milan, 1593 (10 cantos of *octavas reales*).

Jerónimo de Covarrubias Herrera, *Romance de Rodrigo de Narvaez*, 1594.

---

[1] Menéndez y Pelayo, *Orígenes de la Novela*, t. I, pp. ccclxxv–ccclxxxviiii; *Antología de Poetas Líricos Castellanos*, t. XII, pp. 245–59; *Obras de Lope de Vega*, ed. Real Acad. Española, t. XI, pp. xxx–xli. See also for texts *Bib. de Autores Españoles*, t. XLI, and *Clásicos Castellanos*, vol. XXXIX.

[2] Villegas, *El Abencerraje*, Cambridge Plain Texts.

Lope de Vega, *La Dorotea*[1]; "*Cautivo el Abindarráez Del Alcaide de Antequera.*"

But the most interesting recompilation of all the attendant circumstances was the *Guerras Civiles de Granada* by Ginés Pérez de Hita. He made use of *El Cancionero de Romances de Amberes*, *La Silva de Zaragoza*, *La Rosa Española* de Timoneda, *La Flor de Romances* de Moncayo, the historian Garibay, *La Diana*, etc. This semi-history was published in 1595. Lope based *El remedio* on the story in *La Diana*. In the dedication to his daughter he says: *Escribió la historia de Jarifa y Abindarráez, Montemayor,...de su prosa, tan celebrada entonces, saqué yo esta comedia en mis tiernos años.* But *El remedio* shows a knowledge of details in Villegas which are omitted in Montemayor. More especially it shows an awareness of the fuller background of the *Guerras Civiles* of 1595, as may be seen, for example, in Act II and especially in ll. 1500-4 which recall Part I, Chs. III and IV. *El remedio*, therefore, appears to have been written between 1595 and 1598, dates which are confirmed by a consideration of the *gracioso* and of the versification.

THE *GRACIOSO* IN LOPE DE VEGA

Lope used the *gracioso* mainly as a critic of extravagances in customs, dress, literature and thought, as the voice of common sense, and as the materialistic, timid, plebeian, gross-feeding foil of his romantic, proud, noble and gallant master. But the *gracioso* developed as a character throughout Lope's extended dramatic production, and it is possible, to some extent, to distinguish when the above-mentioned and other characteristics were introduced. Lope himself declares that he first introduced the *gracioso* into *La Francesilla*, performed, as he says, before Montalván's birth in 1602[2]. The first dated play, however, in

[1] Lope de Vega, *La Dorotea*, Biblioteca Renacimiento, Madrid, 1913, pp. 90-2.

[2] Rennert y Castro, *Vida de Lope de Vega*, Madrid, 1919, pp. 376 *sqq.*

which a kind of *gracioso* (Cornejo) appears is *El maestro de danzar* (1594).

Nuño in *El remedio* seems to be a *gracioso* of the transition period, a rudimentary *gracioso* lacking many of the developed characteristics of satire and comic relief seen in plays written after 1598. Nuño is a talkative braggart, a messenger who discusses and furthers his master's love affair. He is sly, sensual in his appetite, makes evident his master's bravery and danger, and praises his generosity by implication. *Calla, loco*, is Narváez's own comment. In a word, Nuño has the characteristics of an elementary, undeveloped, non-satiric *gracioso*, appropriate to the year 1596 or thereabouts, though, by his disguise, he gives a hint as to the fool's future development. This element of disguise became conventional, but it was natural in Nuño's case and had historical precedent.

THE LYRIC ELEMENT IN
EL REMEDIO

"*Famoso Alcaide de Alora*" and "*Llegó a Cartama Celindo*" are two of the best *romances moriscos* in spirit, language and narrative power. A consideration of Lope's lyric power and inspiration leads us to what is the essence of his dramatic appeal. Lope, like Góngora, is the poet of the senses, appealing directly to eye and ear by sensuous images : he is the poet of spectacle. The possible relations between this play and the early *romances moriscos* of Góngora (*circa* 1585), or even a comparison, lie beyond our province here, though it would be interesting and profitable to compare Góngora's technique with that of Lope in *Dame una marlota rica*. Lope builds on the sure ground of popular poetry, popular story and a theme that is universal in its appeal. His comparisons are graphic without undue straining after metaphorical elaboration. Goethe in *Die Geschwister*

does not allow his lovers to discover their non-relationship until
the end of the play, and Schiller uses a similar method in *Die
Braut von Messina*. Lope, however, solves the problem of
relationship in the first few moments. Thus *El remedio*, rather
than a psychological study or a tragedy, becomes a romantic
spectacle of frontier customs, temporarily thwarted love, jealousy
and generosity, themes eminently suitable to the sentiments and
passions of a Spanish audience. These he expressed in rapid
changes of metre.

Lope's lyric style shows periods of development, as Professor
Buchanan[1] has shown, and *El remedio* can with some reason be
assigned to the period before 1602. From 1602 Lope develops the
seguidilla, employs *culto* ideas and phrases and begins to employ
the *romance* line as the predominant metre. There are no *seguidillas*
here, though he once uses *cuartetas asonantadas* (ll. 2458–81).
Only 10·5 per cent. of the lines are in *romance*, while *redondillas*
occupy 56 per cent. After 1602 Lope tended to desert *Petrarquismo*
which is patent in *El remedio*. Positive evidences of the transi-
tional style of 1595–1600 are many. The *esdrújulas* in continued
octaves of ll. 2081–128, probably written with verses from *La
Diana* in mind, are artificial, unsuccessful and never repeated by
Lope in such circumstances. Three of the four groups of *versos
sueltos* are open to criticism on technical grounds. The excessively
precise parallelism (stichomythia) of the first eighty lines is only
once approached in later plays (*Peribáñez*, before 1614), while
the antiphonic repetition of the following lines, 79–91, is rarely
equalled in quantity, except for dramatic irony or comic effect,
until we reach the antithetical cross-talk of Calderón's lovers.

[1] M. A. Buchanan, *Chronology of Lope de Vega's plays*, 1922 (Univ.
of Toronto Studies, Phil. Series, 6). This painstaking study reaches
definite conclusions. Lope probably used *décimas* first in 1593 in *Los
Comendadores* and gradually used them more. *Redondillas* are used in
every play. The *terceto* is almost absent after 1600. *Quintillas* become
less frequent after 1600. The *romance* line definitely triumphed over the
redondilla from about 1622.

ABIND. ¡Jarifa!

JARIFA. ¡Abindarráez!

ABIND. ¡Hermana!

JARIFA. ¡Hermano!

ABIND. Dame esos brazos dichosos.

JARIFA. Dadme vos los vuestros caros.

ABIND. ¡Ay, ojos bellos y claros!

JARIFA. ¡Ay, ojos claros y hermosos!

ABIND. ¡Ay, divina hermana mía!

JARIFA. ¡Ay, hermano mío gallardo!

ABIND. ¡Qué nieve cuando más ardo!

JARIFA. ¡Qué fuego entre nieve fría!

ABIND. ¿Qué esperas, tiempo inhumano?

JARIFA. Tiempo inhumano, ¿qué esperas?

ABIND. ¡Ah, si mi hermana no fueras!

JARIFA. ¡Ah, si no fueras mi hermano!

Another mannerism of this period, especially seen in non-dramatic works, which foreshadows one of the characteristics of Calderón's style, the accumulation of parallelistic nouns, adjectives or verbs in one line, may be seen in the following examples:

> l. 205. Boca, manos, gusto.

> ll. 1663–7. Si las aves, los peces, si las fieras,
> Si todo sabe amor, si todo teme
> Perder su bien, y con sus celos propios
> Defiende casa, nido, mar y cueva,
> Llora, lamenta, gime y brama....

> l. 2371. Ira, gusto, amor y Marte.

Lope gradually abandoned this mannerism after 1598.

THE DRAMATIC VALUE OF *EL REMEDIO*

In this discussion of *El remedio* as characteristic of the year 1596 emphasis has been laid on the weaker and more apparent devices of style and construction. To these may be added the frequent changes of metre and rhythm, the overlong list of characters, disconcerting changes of scene, and a characteristically weak final scene. But the test of a play is its fitness for the stage, and *El remedio* emerges well from the test. It is one of the best constructed and artfully contrived of his plays. The exposition is quiet yet arresting and beautiful : the dialogue is at times rapid : the three chief characters are clearly defined : the story is a dramatic contrast of Moor and Christian, love and jealousy, poverty and generosity, *desdicha* and *remedio*, and honour twice in conflict with love. The inevitable letter of his Moorish plays is introduced in a natural manner. There is little that is episodic, except Scene I of Act II, unless the whole of the sub-plot be considered as such.

The sentimental novel has not been used by a mere imitative plagiarist. Sources do not make a play though dramatic possibilities may be inherent in the material. In Lope's hands the love-story has not developed into stage sentimentality. Using the material in his own way he has rearranged the order of events and placed them in contrast. The two plots are simple, parallel but almost interdependent. There are evidences that he corrected the text before printing it in 1620. The poet's vision and sense of beauty have tempered the apparent exuberance of his own expanding imagination with more mature philosophic judgment.

Humour plays a small but very significant part. Nuño's more vulgar sallies are almost negligible in quantity, but the dramatic irony, unconscious in the letter-writing scene of Act I, conscious and unconscious in the Moorish garden of Act III, is real theatrical as well as dramatic material. Two fights on the stage, two Christian victories, a conversion and two well-known songs might well carry away the Spanish *mosqueteros*. They hardly atone for the tame contests of flattery and generosity which compete for the final applause of the *gran senado*.

THE METRES USED

IN *EL REMEDIO EN LA DESDICHA*

Act I

Lines

Act II

[1] See "*Si hebras de oro son vuestros cabellos*," *La Diana*, Book IV, Lope's model here.

Lines
1817–1896 Redondillas[1].
1897–1936 Octavas reales.
1937–2052 Romance.
2053–2080 Verso suelto.

Act III

2081–2128 Octavas esdrújulas[2].
2129–2224 Redondillas.
2225–2256 Octavas reales.
2257–2381 Quintillas.
2382–2457 Redondillas.
2458–2481 Cuartetas asonantadas con
        estribillo de 7 y 11.
2482–2589 Redondillas.
2590–2673 Romance.
2674–2857 Redondillas.
2858–2921 Verso suelto.
2922–3017 Redondillas.

[1] See *La Diana*, Book iv.
[2] See *La Diana*, Book i.

EL REMEDIO EN LA DESDICHA

COMEDIA DE LOPE DE VEGA

DIRIGIDA

A DOÑA MARCELA DEL CARPIO

SU HIJA

Escribió la historia de Jarifa y Abindarráez, Montemayor, autor de la Diana, *aficionado a nuestra lengua, con ser tan tierna la suya, y no inferior a los ingenios de aquel siglo: de su prosa, tan celebrada entonces, saqué yo esta comedia en mis tiernos años. Allí pudiérades saber este suceso, que nos calificaron por verdadero las* Corónicas de Castilla *en las conquistas del reino de Granada; pero si es más obligación acudir a la sangre que al ingenio, favoreced el mío con leerla, supliendo con el vuestro los defetos de aquella edad, que en la tierna vuestra me parece tan fértil, si no me engaña amor, que pienso que le pidió la naturaleza al cielo para honrar alguna fea, y os le dió por yerro; a lo menos a mis ojos les parece así, que en los que no os han visto pasará por requiebro. Dios os guarde y os haga dichosa, aunque tenéis partes para no serlo, y más si heredáis mi fortuna, hasta que tengáis consuelo, como vos lo sois mío.*

VUESTRO PADRE

PERSONAS

Abindarráez.
Jarifa, *hija de Zoraide.*
Zoraide, *Alcaide de Cartama.*
Alborán, *moro.*
Narváez, *Alcaide de Alora.*
Nuño, *soldado.*
Alara, *mora, mujer de Arráez.*
Darín, *paje de Alara.*
Páez, *soldado.*
Bajamed, *moro.*
Arráez, *moro cautivo, marido de Alara.*

Espinosa, *soldado.*
Alvarado, *soldado.*
Cabrera, *soldado.*
Ortuño, *soldado.*
Peralta, *soldado.*
Zara, *esclava morisca.*
Maniloro, *criado de Abindar ráez.*
Celindo, *moro.*
Mendoza, *sargento.*
Ardino, *moro.*
Zaro, *moro.*

Representóla Ríos, único representante.

EL REMEDIO EN LA DESDICHA

La escena es en Cartama, Alora y Coín

ACTO PRIMERO
Jardín en Cartama

ESCENA I

JARIFA *y* ABINDARRÁEZ, *cada uno por su lado, sin verse*

ABIND.
  Verdes y hermosas plantas,
Que el sol con rayos de oro y ojos tristes
Ha visto veces tantas,
Cuantas ha que de un alma el cuerpo fuistes ;
Laureles, que tuvistes   5
Hermosura y dureza :
Si no es el alma agora
Como fué la corteza,
Enternézcaos de un hombre la tristeza,
Que un imposible adora.   10

JARIFA.
  Corona vencedora
De ingenios y armas, Dafne, eternamente,
Por quien desde el aurora
Hasta la noche llora tiernamente
El sol resplandeciente :   15
Si no habéis de ablandaros
Al són del llanto mío,
¿De qué sirve cansaros,

Y mi imposible pretensión contaros,
Que al viento sólo envío?　　　　　　　　20

ABIND.　　Claro, apacible río,
Que con el de mis lágrimas te aumentas,
Oye mi desvarío,
Pues que con él tus aguas acrecientas.
Razón será que sientas　　　　　　　　25
Mis lágrimas y daños,
Pues sabes que me debes
Las que por mis engaños
Llorar me has visto tan prolijos años,
Y por bienes tan breves.　　　　　　　　30

JARIFA.　　Porque tu curso lleves,
Famoso río, con mayor creciente,
Y la margen renueves
Que en tus orillas hizo la corriente
De aquella inmortal fuente,　　　　　　35
Que a mis ojos envía
El corazón más triste
Que ha visto en su tardía
Carrera el sol en el más largo día,
Hoy a mi llanto asiste.　　　　　　　　40

ABIND.　　Jardín, que adorna y viste
De tantas flores bellas Amaltea:
Aquí, donde tuviste
Aquella primavera que hermosea,
Cuando por tí pasea;　　　　　　　　　45
Aguas, yerbas y flores,
Aquí vengo a quejarme,
Y no de sus rigores,
Sino de un imposible mal de amores,

Que ya quiere acabarme.   50

JARIFA.   Si para lamentarme,
Aquí, donde perdí mi libre vida,
Lugar no quieren darme
El blando río y planta endurecida,
Al cielo es bien que pida   55
Piadoso oído atento.
Oídme, cielo hermoso;
Óyeme, amor, contento
De haber triunfado de mi libre intento
Con arco poderoso.   60

ABIND.   Si hay algún dios piadoso
Para con los amantes, y si alguno
Deste mal amoroso
Probó el rigor, tan fiero y importuno;
Pues no hay amor ninguno   65
Que pueda ser tan fiero,
O me remedie o mate;
Que por mi hermana muero,
Y en tan dulce imposible desespero:
Tal es quien me combate.   70

JARIFA.   Al último remate
De mi cansada vida, al postrer dejo,
Cuando no es bien que trate
De buscar medicina ni consejo,
Como cisne me quejo.   75
Fiero amor, inhumano,
Mi hermano adoro y quiero,
Por imposibles muero.

                                              (*Vense.*)

ABIND.   ¡Jarifa!

JARIFA.	¡Abindarráez!	
ABIND.	¡Hermana!	
JARIFA.	¡Hermano!	
ABIND.	Dame esos brazos dichosos.	80
JARIFA.	Dadme vos los vuestros caros.	
ABIND.	¡Ay, ojos bellos y claros!	
JARIFA.	¡Ay, ojos claros y hermosos!	
ABIND.	¡Ay, divina hermana mía!	
JARIFA.	¡Ay, hermano mío gallardo!	85
ABIND. (*Ap.*)	¡Qué nieve cuando más ardo!	
JARIFA. (*Ap.*)	¡Qué fuego entre nieve fría!	
ABIND. (*Ap.*)	¿Qué esperas, tiempo inhumano?	
JARIFA. (*Ap.*)	Tiempo inhumano, ¿qué esperas?	
ABIND. (*Ap.*)	¡Ah, si mi hermana no fueras!	90
JARIFA. (*Ap.*)	¡Ah, si no fueras mi hermano!	

ABIND.   Señora, ¿de qué sabéis
Que hermanos somos los dos?

JARIFA.   De lo que yo os quiero a vos,
Y vos a mí me queréis.   95
Todos nos llaman ansí,
Y nuestros padres también;
Que, a no serlo, no era bien
Dejarnos juntos aquí.

ABIND.   Si ese bien, señora mía,   100
Por no serlo he de perder,
Vuestro hermano quiero ser,
Y gozaros noche y día.

JARIFA.   Pues tú, ¿qué bien pierdes, di,
Por ser hermanos los dos?   105

ABIND.   A mí me pierdo y a vos:
¡Ved si es poco a vos y a mí!

JARIFA.   Pues a mí me parecía
             Que a nuestros amores llanos
             Obligaba el ser hermanos,   110
             Y que otra causa no había.
ABIND.   Sola esa rara hermosura
             A mí me pudo obligar,
             Ese ingenio singular
             Y esa celestial blandura,   115
                Esos ojos, luz del día,
             Esa boca y esas manos;
             Porque esto de ser hermanos,
             Antes me ofende y resfría.
JARIFA.   No es justo que en el amor,   120
             Abindarráez, tan justo,
             De hermanos, halles disgusto,
             Siendo el más limpio y mejor.
                Amor que celos no sabe,
             Amor que pena no tiene,   125
             A mayor perfeción viene,
             Y a ser más dulce y suave.
                Quiéreme bien como hermano:
             No te aflijas ni desveles,
             Sigue el camino que sueles,   130
             Verdadero, cierto y llano;
                Que amor, que no tiene al fin
             Otro fin en que parar,
             Es el más perfeto amar;
             Que es al fin amar sin fin.   135
ABIND.   ¡Ah, hermana! ¡pluguiera a Alá
             Que vuestro hermano no fuera,
             Y que este amor fin tuviera,

Que el de mi vida será,
  Y que celos y querellas   140
Tuviera más que llorar
Que arenas tiene la mar
Y que tiene el cielo estrellas!
  Por bienes que son tan raros
Era poco un mal eterno;   145
Que penas, las del infierno
Eran pocas por gozaros.
  Mas, pues vuestro hermano fuí,
No despreciéis mi deseo.

JARIFA. Antes le estimo, y te creo.   150
ABIND.   ¿Pediréte algo?
JARIFA.   Sí.
ABIND.   ¿Sí?
JARIFA.   Sí, pues.
ABIND.   ¿Qué te pediré?
JARIFA. Lo que te diere más gusto:
         Todo entre hermanos es justo.
ABIND.   No fué justo, pues que fué,   155
           Ahora bien: dame una mano,
         Y pondréla entre estas dos,
         Por ver si así quiere Dios
         Que sepa que soy tu hermano.
JARIFA.   ¿Aprietas?
ABIND.   Doyla tormento   160
         Porque diga la verdad;
         Que es jüez mi voluntad,
         Y potro mi pensamiento.
           Con los diez dedos te aprieto,
         Cordeles de mi rigor,   165

Siendo verdugo el amor,
Que es riguroso en efeto.
    Pues agua no ha de faltar,
Que bien la darán mis ojos;
Di verdad a mis enojos.   170

JARIFA.   Paso, que es mucho apretar;
    Que no lo sé, por tu vida.
ABIND.   Yo no lo pregunto a tí.
JARIFA.   ¿Ha de hablar la mano?
ABIND.   Sí.
    Bien podéis, mano querida....   175
    —Pero mi pregunta es vana,
Y ella calla en el tormento.
A lo menos, en el tiento
No sabe a mano de hermana.
    ¿Que al fin lengua te faltó?   180
Dime, blanca, hermosa mano:
¿Soy su hermano? Digo *hermano*,
Y responde el eco *no*.
    Testigos quiero tomar.
JARIFA.   ¿Qué testigos?
ABIND.   Esos ojos,   185
A quien por justos despojos
Mil almas quisiera dar.
    ¿No respondéis? Culpa os doy,
Lenguas de fuego inhumano.
No me miran como a hermano;   190
No es posible que lo soy.
    Pues ¿preguntaré a la boca?
Esta no dirá verdad,
Cuando pura voluntad

El instrumento no toca.   195
 Pues ¿a los tiernos oídos?
Pero ya con escucharme,
O pretenden consolarme
O quitarme los sentidos.
 El gusto, si está olvidado,   200
¿Qué pregunta le he de hacer?
Que el gusto de la mujer
No quiere ser preguntado.
 Mas ¿qué importa, ojos, oídos,
Boca, manos, gusto, haceros   205
Testigos, si he de perderos
Sólo porque sois queridos?
 Dése, pues, ya la sentencia
En que sea el cuerpo hermano,
Y el alma no; que es en vano   210
Querer que tenga paciencia;
 Pero, aunque vencido estoy
Y a la muerte condenado,
Quiero morir coronado,
Pues como víctima voy.   215
 Dadme, hermosas flores bellas,
Rubí, zafir y esmeralda
Para hacer una guirnalda.
      (*Compone una guirnalda.*)
JARIFA. Bien es que te adornes dellas.
 Triunfa de mi loco amor   220
Y de mi seso perdido;
Que, aunque piensas por vencido,
Yo sé que es por vencedor.
 Pon la rosa carmesí

	De mi prestada alegría,	225
	Y mi celosa porfía	
	En el lirio azul-turquí;	
	En el alhelí pajizo	
	Mi desesperado ardor,	
	Y en la violeta el amor	230
	Que mi voluntad deshizo;	
	Mi imposible en el jazmín	
	Blanco, sin dar en el blanco.	
ABIND.	¡Cuánto se te muestra franco	
	El cielo, hermoso jardín!	235
	Bella guirnalda he tejido,	
	Ciña mis dichosas sienes.	

(*Pónese la guirnalda.*)

JARIFA.   Galán por extremo vienes.
ABIND.   Y coronado y vencido.
JARIFA.   Muestra, pondrémela yo.   235   240
          ¿Qué te parece de mí?
          ¿No estoy buena?
ABIND.   Mi bien, sí.
JARIFA.   ¿Soy tu hermana?
ABIND.   Mi bien, no;
          Y en lo que os quiero me fundo.
JARIFA.   Dime ya tu parecer.   245
ABIND.   Hoy acabáis de vencer,
          Como otro Alejandro, el mundo.
            Parece que agora en él
          No cabe vuestra persona,
          Y que os laurea y corona   250
          Por reina y señora dél.
JARIFA.   Si así fuera, dulce hermano,

	Vuestra fuera la mitad.

ABIND.   ¿Tanto bien a mi humildad?
Dadme vuestra hermosa mano.   255

ESCENA II

ZORAIDE, ALBORÁN—*Dichos*

ZOR.   ¿Eso dicen en Granada
Del buen Fernando?

ALBOR.   Esta nueva
Agora la fama lleva.

ZOR.   Tu buen suceso me agrada:
No hay a quien amor no deba.   260

ALBOR.   Es muy propio del valor
Obligar al tierno amor
Desde el propio hasta el extraño.
No habrá más guerras este año,
Que ansí lo dice Almanzor.   265

ZOR.   ¿Traes cartas?

ALBOR.   Señor, sí.

ABIND.   Nuestro padre.

ZOR.   ¡Oh hijos caros!
Huélgome mucho de hallaros
En esta ocasión aquí.
Llegad, que quiero abrazaros.   270

ABIND.   Sin duda trae Alborán
Buenas nuevas.

ZOR.   No me dan
Poco gusto, si este invierno
Descansare del gobierno
De militar capitán.   275

ABIND.	¿Dejó Fernando la guerra?
ALBOR.	Por este año está olvidada.
ZOR.	Colguemos todos la espada,
	Y esté segura la tierra,
	Y la frontera guardada; 280
	Que harto el cuidado me aprieta
	En defender a Cartama,
	Porque jamás en la cama
	Me halló el sol ni la trompeta,
	Que la gente al campo llama. 285
	Fernando es ido a Toledo:
	Seguro pienso que quedo
	De dejar la casa. Ven,
	Responderé al Rey y a Hacén
	Cuanto agradecerles puedo. 290
	O quédate, si por dicha
	Abindarráez quisiere
	Saber nuevas.
ABIND.	No hay que espere
	Después de la nueva dicha.
	(*Ap.* Aquí mi esperanza muere.) 295
ZOR.	Ven tú, Jarifa, que tengo
	Que hablarte.
JARIFA.	Adios: luego vengo.

(*Vanse Jarifa y Zoraide.*)

ESCENA III

ABINDARRÁEZ, ALBORÁN

ABIND.	(*Ap.* ¿Que aquí mi padre se queda?
	¿Posible es que vivir pueda

La esperanza que entretengo?)   300
Alborán, ¿que no hay jornada?

ALBOR. Ya el cristiano ha recogido
Sobre la pica ferrada
El tafetán descogido
De la bandera cruzada.   305
Ya Mendozas y Guzmanes,
Leivas, Toledos, Bazanes,
Enríquez, Rojas, Girones,
Pachecos, Lasos, Quiñones,
Pimenteles y Lujanes,   310
Truecan las armas por galas,
Por música el atambor,
Y por las plazas las salas,
Y a Belona por Amor,
A quien nacen nuevas alas.   315
Ya Bencerrajes, Zegríes,
Zaros, Muzas, Alfaquíes,
Abenabós, Albenzaides,
Mazas, Gomeles y Zaides,
Hacenes y Almoradíes   320
Dejan lanzas, toman varas,
Juegan cañas, corren yeguas;
Que se escuchan a dos leguas
Los relinchos y algazaras
Con que celebran las treguas.   325

ABIND. ¿Abencerrajes dijiste?
Pues ¿han quedado en Granada
Después del suceso triste?

ALBOR. Fuése la lengua engañada
Al nombre ilustre que oíste;   330

Que ya no hay en todo el mundo
Sino tú.

ABIND.   ¿Cómo?

ALBOR.   No digo
Sino que eres tú segundo
Al valor de que es testigo
Cielo, tierra y mar profundo.   335

ABIND.   No, Alborán, eso me di.
Dame esa mano.

ALBOR.   Mancebo,
¡Qué deudos perder te vi!
Reviente con llanto nuevo
El alma de nuevo aquí.   340
    No te miro vez alguna,
Que de su triste fortuna
Y próspera no me acuerde:
A nadie de vista pierde
La envidia, aunque esté en la luna.   345
    Aún veo en viles espadas
Las cabezas separadas
De aquellos ilustres cuellos,
Y asidas de los cabellos,
En el Alhambra clavadas.   350
    Aún corre la sangre aquí,
Y aún aquí la envidia aleve
Me parece que la bebe.
¡Oh vil Gomel, vil Zegrí!—
¿Lloras?

ABIND.   Su historia me mueve.   355
    Pero dime, Alborán, así los cielos
Te dejen ver el fin de tu esperanza,

Y lo que quieres bien gozar sin celos;
  Ansí en el campo tu gallarda lanza
Y en la plaza tu caña sea famosa,   360
Y el Rey te dé su Alhambra en confianza;
  Ansí de amiga cara o dulce esposa,
Si dellos tienes esperanzas vanas,
Alcances hijos, sucesión dichosa;
  Y dellos, en moriscas africanas,   365
Los nietos, que colgados de tu cuello,
Con tiernas manos jueguen con tus canas;
  Ansí primero veas su cabello
Nevado que tu muerte, y lleno acabes
De fama y años, que Alá puede hacello,   370
  Que me digas, pues sé yo que lo sabes,
Si soy yo Bencerraje, y si deciendo
De los que alabas y es razón que alabes,
  O, como por ventura estoy temiendo,
Soy hijo del alcaide de Cartama,   375
Puesto que la verdad del alma ofendo;
  Que por la fe que el noble estima y ama,
De guardarte secreto eternamente.
Dime tú lo que dicen alma y fama.

ALBOR.   ¡Oh ilustre y generoso decendiente   380
De aquellos malogrados Bencerrajes
Por su valor y envidia juntamente!
  ¡Oh reliquia de aquellos dos linajes!
¡Oh fénix de su muerte a sangre y fuego,
Porque mejor de los aromas bajes!   385
  En este punto de Granada llego,
Y el traer sangre tuya en la memoria
(Que casi te la doy en llanto ciego),

Ha hecho que te obligue con su historia,
Que ya la sabes por ajena fama,   390
A restaurar su antiguo nombre y gloria.
   No es tu padre el alcaide de Cartama;
Que puesto que es tan noble, fué Selimo—
Pero el Alcaide, como ves, me llama.
   No puedo detenerme.

ABIND.   Tanto estimo...   395
ALBOR. Venme después a hablar.
ABIND.   ¿Que así me dejas?
ALBOR. Perdona un poco.   (*Vase.*)

ESCENA IV

ABINDARRÁEZ

      Mi esperanza animo :
Cierre la puerta el alma a tantas quejas.
   Hermosas, claras, cristalinas fuentes,
Jardines frescos, celebrados árboles,   400
Que aquí me vistes de Jarifa hermano,
Ya no soy el hermano de Jarifa ;
Ya puedo ser su amante y ser su esposo:
Dad todos parabién a Abindarráez.
   Ya no soy aquel triste Abindarráez   405
Que os daba tanto llanto, puras fuentes ;
Ya no escribiré *hermano*, sino *esposo*,
Por las cortezas de los verdes árboles.
Pero, si no me quiere mi Jarifa,
¿Cuánto mejor me fuera ser su hermano?   410
   Mas, aunque no me quiera, el ser su hermano

Ya quita la esperanza a Abindarráez
De la gloria que el alma ve en Jarifa.
Dirán que esto es verdad las sordas fuentes,
Y sus hojas harán lenguas los árboles: 415
Tanto es el bien de poder ser su esposo.
  Si sólo el ser posible ser su esposo
Estorbaba del todo el ser su hermano,
Jardines, hiedras, flores, plantas, árboles,
Aquí, donde lloraba Abindarráez,   420
Hechos sus ojos caudalosas fuentes,
Aquí se llama esposo de Jarifa.
   ¡Cielos! ¿Que gozar puedo de Jarifa?
¿Que ya es posible que yo sea su esposo?
Riendo lo murmuran estas fuentes,   425
Que me llamaron tristemente *hermano*.
Decid que soy su esposo Abindarráez;
Que el viento os dará voz, amigos árboles.
   ¡Qué de veces al pié de aquestos árboles
Miré los bellos ojos de Jarifa,   430
Y ella me dijo: "¡Hermano Abindarráez!"
Pues ya su esposo soy, no soy su hermano,
O a lo menos ya puedo ser su esposo:
Decídselo, si vuelve, claras fuentes.
   Fuentes, ya cesa el llanto; verdes árboles,   435
Ya parto a ser esposo de Jarifa,
Que ya no soy su hermano Abindarráez.   (*Vase.*)

Sala en el castillo de Alora

ESCENA V

NARVÁEZ, NUÑO

NARV.   Bañaba el sol la crespa y dura cresta
Del fogoso león por alta parte,
Cuando Venus lasciva y tierno Marte   440
En Chipre estaban una ardiente siesta.
    La diosa, por hacerle gusto y fiesta,
La túnica y el velo deja aparte;
Sus armas toma, y de la selva parte,
Del yelmo y plumas y el arnés compuesta.   445
    Pasó por Grecia, y Palas vióla en Tebas,
Y díjole: "Esta vez tendrá mi espada
Vitoria igual de tu cobarde acero."
    Venus le respondió: "Cuando te atrevas,
Verás cuánto mejor te vence armada   450
La que desnuda te venció primero."

NUÑO.   Oyendo he estado hasta el fin,
Si en historias tengo parte,
Esa de Venus y Marte,
Desarmado en el jardín;   455
    Y que Palas la vió en Tebas,
Y vencerla quiso armada,
Porque cortase su espada
Desde la gola a las grevas;
    Y que Venus respondió   460
(Que es todo filatería)
Que armada la vencería

Quien desnuda la venció.

    Pero, señor, ¿a qué intento
Tanto estos días te inclinas   465
A Venus, cuanto afeminas
A nuestro Marte sangriento?
    Dime la causa, señor.

NARV.   Todo es, Nuño, declararte
Que, puesto que armado Marte,   470
Le vence desnudo Amor.

NUÑO.   ¡Pues qué! ¿Un fuerte capitán
Puede a nadie estar sujeto?

NARV.   ¿A un dios no?

NUÑO.   ¿Dios?

NARV.   En efeto,
A amor ese nombre dan.   475

NUÑO.   ¿Quién le dió?

NARV.   La antigüedad.

NUÑO.   ¡Gentil Dios! ¡Buena razón!
¡Donde hay tanta imperfección,
Inconstancia y variedad!
    Entre otras mil cosas, dos   480
Le quitan ese gobierno.

NARV.   ¿Cuáles son?

NUÑO.   No ser eterno,
Forzoso atributo en Dios,
    Y carecer de razón.

NARV.   Luego amor ¿no es inmortal?   485

NUÑO.   No; que al primer vendaval
Suele mudar de opinión;
    Y tarde se ve en mujer
Amor firme, amor durable.

NARV.   Antes no hay mujer mudable   490
       Cuando comienza a querer,
         Y no hay para qué te afirmes
       En el engaño que cobras:
       Hacémoslas malas obras,
       Y querémoslas muy firmes.   495
         Antes amor en el hombre
       Suele ser más imperfecto.

NUÑO.   Antes, por ser más perfecto,
       Le dieron como hombre el nombre,
         Porque a ser, antes o agora,   500
       Más en mujer su valor,
       No le llamaran *amor*.

NARV.   ¿Qué le llamaran?

NUÑO.   *Amora.*

NARV.   ¡Amora!

NUÑO.   Sí. ¿No pintamos
       Como mujer la piedad,   505
       La castidad, la verdad,
       Porque en ellas tanta hallamos?
         Pues si en mujer el querer
       Es de perfección capaz,
       ¿Por qué le pintan rapaz,   510
       Y no en forma de mujer?
         Mas, dejando a las escuelas
       Tan vanas sofisterías,
       Dime, señor, ¿de qué días
       Es este dolor de muelas?   515

NARV.   De un mes.

NUÑO.   Y ¿quién te enamora?

NARV.   Bien dices; que mora fué.

NUÑO.   ¡Mora!

NARV.   Mora.

NUÑO.   Bien podré
Cantarte: *A la perra mora.*
¿Dónde la viste?

NARV.   En Coín.   520

NUÑO.   ¿Cuándo?

NARV.   En las treguas pasadas,
Dando a unas rejas doradas
Por remate un serafín.

NUÑO.   Y el zancarrón de Mahoma
¿Te da a tí desasosiego?   525

NARV.   ¡Oh, Nuño! Todo soy fuego,
Que hable o calle, duerma o coma.

NUÑO.   No se te dé dos cuatrines;
Consuelo y regalo toma,
Que en el cielo de Mahoma   530
Son bajos los serafines.

          Estas moras son lascivas;
Tú eres hombre famoso;
No será dificultoso
Gozarla, como la escribas.   535

          Toda esta tierra te adora
Por galán, noble y discreto,
Valiente, rico: en efeto,
Ya te conoce esa mora.

          Dame una carta, y yo haré   540
Que venga esa galga aquí.

NARV.   ¿Llevarássela tú?

NUÑO.   Sí;
Que bien su arábigo sé.

    Pondréme unos almaizales,
Y hecho moro, iré a Coín   545
A traerte el serafín,
Que aquesta noche regales;
    Que basta por testimonio
Que te firmes don Rodrigo
De Narváez.

NARV.   ¡Oh, Nuño amigo!   550
¡Vive Dios, que eres demonio!
    Pero la letra cristiana,
¿Cómo la podrá entender?

NUÑO. Que para todo ha de haber
Remedio y industria humana.   555
    Aquel moro, tu cautivo,
La escribirá.

NARV.   Dices bien.

NUÑO. Pues voy por él.

NARV.   Trae también
Recado.

NUÑO.   Ya le apercibo.   (*Vase.*)

ESCENA VI

NARVÁEZ

    Amor, si fuerais igual   560
A la edad y al cuerpo mío,
Yo os retara en desafío;
Pero así, parece mal.
    Aquel fronterizo fuerte,
Aquel andaluz temido,   565
Aquel Narváez, que ha sido

Entre moros rayo y muerte,
Hoy vencéis, hoy sujetáis
Con una mora. ¿Qué es esto?

ESCENA VII

NUÑO, *con recado de escribir*;
ARRÁEZ, NARVÁEZ

NUÑO.	Toma esa pluma.—Di presto.	570
ARR.	¿Qué es, señor, lo que mandáis?	
NARV.	Hinca la rodilla en tierra,	
	Y escribe.	
ARR.	Decid, señor.	
NARV.	¿Eres hombre de valor?	
ARR.	Fuílo en la paz y la guerra.	575
NARV.	¿Dónde tan a solas ibas	
	Cuando ayer te cautivé?	
ARR.	Después te lo contaré,	
	Señor, que esta carta escribas.	
NARV.	¿Cómo te llamas?	
ARR.	Arráez.	580
NARV.	¿De dónde eres?	
ARR.	De Coín.	
NUÑO.	¿Conoces al serafín	
	De Rodrigo de Narváez?	
NARV.	Calla, loco, que ya escribo.	
NUÑO.	No creo que lo estás poco.	585

(Dicta Narváez y escribe el moro.)

¡Cuántos locos hace un loco!
¡Cuerdo yo, que libre vivo!

¡Vive Dios, que es gran flaqueza
Tropezar la voluntad!
Que amor es enfermedad,   590
Y sale por la cabeza.
   Yo no quiero más amor
Que mis armas y caballo;
En esto mis gustos hallo,
Y me porto a mi sabor.   595
   Sólo mi arnés es mi dama;
Este adoro, deste fío,
Tanto, que, a no ser tan frío,
Aun le acostara en la cama.
   Yo le limpio, yo le visto,   600
Porque en la necesidad
Me muestra la voluntad
Con que una espada resisto.
   Mi amor es lanza y caballo;
Soldado que a amor se inclina,   605
Tan cerca está de gallina,
Cuanto pretende ser gallo.
   Bien que, amor, ya os tengo a vos
Alguna vez por jüez;
Pero esto sola una vez,   610
Que no ha de ser más ¡por Dios!
   La mujer, fácil estopa,
Es mancha de aceite, fuego,
Que, si no se ataja luego,
Cunde por toda la ropa.   615

NARV.   No tengo que decir más.
ARR.   Mucho debe a tu valor
Esta a quien tienes amor

NARV.   Bien la quiero.

ARR.   Tierno estás,
           Pues te confiesas vencido,   620
           Siendo Narváez, señor,
           El hombre más vencedor
           Que el mundo ha visto y tenido.

NARV. (*Esto aparte.*) Toma, Nuño, y a un balcón
           De cuatro rejas azules,   625
           Después que te disimules
           Con la trazada invención,
               Dirige tus pasos ciertos;
           Que en la plaza le verás.
           Llama a su puerta.

NUÑO.   Y ¿qué más?   630

NARV.   La respuesta y los conciertos.

NUÑO.   La mora ¿se llama?

NARV.   Alara,
           Y que es casada he sabido.

NUÑO.   Creo que con su marido
           Más presto se negociara;   635
               Que te tienen tanto amor
           Los moros destas fronteras,
           Que es lo menos que pudieras
           Alcanzar de su favor.

ARR.   Dice Nuño la verdad: 640
           Adoran tu nombre y fama.

NUÑO.   Voyme.

ARR.   ¡Dichosa la dama
           A quien tienes voluntad!

NARV.   Guíete amor.   (*Vase Nuño.*)

ESCENA VIII

NARVÁEZ, ARRÁEZ

NARV.   Dime, Arráez,
¿Dónde ayer ibas?
ARR.   Señor,   645
Sólo a saber que el amor
Era mayor que Narváez.
    Mi cautiverio he tenido,
Señor, por bien empleado,
Sólo por ver humillado   650
Hombre a quien nadie ha vencido.
    Yo iba a ver mi labor,
Y alejéme, sin pensallo,
Donde me llevó el caballo
Y a él le llevó el furor.   655
NARV.   Pues ¿en qué ibas divertido?
ARR.   En un largo pensamiento
Con que a veces mar y viento,
Cielo, fuego y tierra mido.
NARV.   Moro, pues sabes el mío,   660
Dime el tuyo; que, si puedo,
Obligado a tu bien quedo.
ARR.   De tu grandeza lo fío.
NARV.   Esta mi pasión me obliga
A pensar qué quieres.
ARR.   Quiero...   665
—Pero mi tormento fiero
No permitáis que os le diga;
    Mayor es que amor airado.

NARV.	¿Mayor que amor puede ser?	
ARR.	Es celos de mi mujer,	670
	Rodrigo; que soy casado.	
NARV.	¡Con celos, y estás aquí!	
	No lo quiera Dios, Arráez;	
	Ya eres libre.	
ARR.	¡Oh gran Narváez!	
	Hoy vive mi honor por tí.	675
	Dame esos piés.	
NARV.	Vete luego.—	
	¡Páez!	(*Llamando.*)

ESCENA IX

PÁEZ—*Dichos*

PÁEZ.	Señor...	
NARV.	Dale a este moro	
	Su caballo y armas.	
ARR.	Lloro	
	De alegría.	
PÁEZ.	Ya lo entrego.	(*Vase.*)
ARR.	Yo te enviaré mi rescate,	680
	A fe de hidalgo.	
NARV.	Con celos	
	No quieran, moro, los cielos	
	Que yo en la prisión te mate.	
	Vete libre, que es razón,	
	Aunque poco lo has quedado,	685
	Que con celos y casado,	
	No quieras mayor prisión.	
	¿Tienes hermosa mujer?	

ARR.   No la hay más bella en Coín.

NARV.   Aunque soy cristiano, en fin,   690
          Te he de dar mi parecer:
            Mira no entienda de tí
          Que de su amor no te fías,
          Que, en viendo que desconfías,
          Todo lo ha de hacer ansí.   695
            Amala, sirve y regala,
          Con celos no la des pena;
          Que no hay mujer que sea buena
          Si ve que piensan que es mala.

ARR.   No sólo das libertad,   700
          Mas saludables consejos.

NARV.   Pues estoy de darlos lejos,
          Y tengo necesidad.
            Parte a Coín, porque veas
          Mi mora, que no conoces.   705

ARR.   ¡ Plega al cielo que la goces
          Con el gusto que deseas!   (*Vanse.*)

Jardín en Cartama

ESCENA X

ABINDARRÁEZ, JARIFA

ABIND.   Ya que no me amáis, señora,
          Como antes, de amor tan llano,
          Cual era el de vuestro hermano,   710
          Habladme más tierno agora.
            Decidme lo que sentís,
          Jarifa hermosa, y creed

Que me hacéis mayor merced
Cuanto más de mí os servís: 715
    Ya pasó el temor cobarde
Que la hermandad nos ponía;
Habladme, Jarifa mía,
Más tierno, así el cielo os guarde.

JARIFA.   ¿Qué te tengo de decir?   720

ABIND.   Tu ingenio ¿puede ignorar
Qué es hablar, sabiendo amar,
Sabiendo amar, qué es sentir?

JARIFA.   Si digo lo que te quiero,
¿Qué te puedo decir más?   725

ABIND.   Es libro o carta que das
Sin el titulo primero;
    Cuando al Rey quieren hablar,
O negociar por escrito,
¿No le llaman grande, invito?   730

JARIFA.   Ansí le suelen llamar.

ABIND.   Pues títulos tiene amor.

JARIFA.   ¿Cómo?

ABIND.   *Mi bien, alma y vida*;
La esperanza entretenida
Ansí negocia el favor.   735

JARIFA.   Luego ¿diréte *mi bien*?

ABIND.   ¿Soy tu bien?

JARIFA.   Sí.

ABIND.   Pues bien dices,
Y porque ansí le autorices
Al amor contra el desdén.

JARIFA.   Luego, si mi alma eres,   740
¿Ansí tengo de llamarte?

ABIND.   ¿Eso tengo de enseñarte,
           O es que decirlo no quieres?
              Nadie las ciencias podría
           Sin la experiencia saber;   745
           Mas no es posible aprender
           El amor y la poesía:
              El hacer versos y amar
           Naturalmente ha de ser.

JARIFA.   Si no es siendo tu mujer,   750
           Yo no me puedo esforzar.

ABIND.   Pues, mi bien, si soy cautivo
           De tu padre, y como preso,
           Por aquel triste suceso,
           En fe de su guarda vivo;   755
              Si él piensa que yo no sé
           Que soy preso Bencerraje,
           Del envidiado linaje
           Que un tiempo el más noble fué,
              ¿Cómo te podré pedir?   760
           Casémonos de secreto,
           Cuanto el ser preso y sujeto
           Puedan, mi bien, permitir.

JARIFA.   Como palabra me des
           Que libre la cumplirás.   765

ABIND.   Y eso ¿a quién le importa más?
           Dame tus hermosos piés.

JARIFA.   La mano te quiero dar:
           Tuya soy desde este día.

ABIND.   Yo tuyo, Jarifa mía: 770
           Ya bien te puedo abrazar.

JARIFA.   Como hermano y como esposo,

	De que ya te doy la mano.	
ABIND.	No hables de eso de hermano,	
	Que vuelvo a estar temeroso.	775
	¡Oh famoso y claro día,	
	Que tanta gloria me apresta!	
	Cada año os haré una fiesta	
	Por señal de mi alegría.	
	¡Oh bien sufrido tormento!	780
	¡Oh bien lograda esperanza,	
	Bien fundada confianza,	
	Bien nacido pensamiento!	
	¡Alegres pesares míos,	
	Discreta y justa porfía,	785
	Cuerda y famosa osadía,	
	Venturosos desvaríos!	
	¡Dulce amar, dulce penar,	
	Dulce temer, dulce ver,	
	Dulcísimo padecer,	790
	Felicísimo esperar!	
	¡Favoreced hasta el fin	
	Empresa tan justa, cielos,	
	Sin mudanza, olvido y celos!	
JARIFA.	Mi padre viene al jardín.	795
ABIND.	Huyamos.	
JARIFA.	Dame la mano;	
	Deja de estar temeroso.	
ABIND.	Ya temo, secreto esposo,	
	Lo que no público hermano.	
	Vamos donde no nos vea	800
	Tratar de nuestro contento;	
	Que aún temo que el pensamiento	

       Visto de sus ojos sea.

         Mira que me has de querer.

JARIFA.   Hasta morir te he de amar.   805

ABIND.   Pues yo no te he de olvidar.

JARIFA.   Eres hombre.

ABIND.   Y tú mujer.

JARIFA.   Para tí soy piedra.

ABIND.   Y yo.

JARIFA.   Pues no temas.

ABIND.   Probaré.

JARIFA.   Quiéreme mucho.

ABIND.   Sí haré.   810

JARIFA.   Ya ¿no soy tu hermana?

ABIND.   No.

JARIFA.   ¿No en público?

ABIND.   Aún no quisiera.

JARIFA.   Ya eres mi bien.

ABIND.   Tú mi vida.

JARIFA.   ¿Soy tu hermana?

ABIND.   Sí, fingida.

JARIFA.   ¿Y tu esposa?

ABIND.   Verdadera.   (*Vanse.*) 815

Sala en la casa de Arráez en Coín

ESCENA XI

ALARA, *mora*; DARÍN, *paje*; *luego*, NUÑO

ALARA.   ¡Moro a mí de Alora!

DARÍN.   A tí

       Busca un morisco de Alora.

ALARA.	¿Dice a Alara?
DARÍN.	Sí, señora.
ALARA.	Di que entre.
DARÍN.	Ya viene aquí.

(*Sale Nuño, en hábito de moro.*)

NUÑO.   Dame, señora, los piés,   820
Después que te guarde Alá.

ALARA.   ¿Si mi Arráez preso está?
Moro, di presto lo que es.

NUÑO.   Solos habemos de hablar.

ALARA.   Salte allá fuera, Darín.   (*Vase Darín.*) 825

ESCENA XII

ALARA, NUÑO

NUÑO.   Para venir a Coín
Quise este traje tomar;
    Que sabed que soy cristiano
Y soldado de Narváez.

ALARA.   No son nuevas de mi Arráez: 830
Salió el pensamiento vano.
    Pues, cristiano, el Capitán,
¿Qué puede quererme a mí?

NUÑO.   No os quiere poco, si aquí
Correspondencia le dan.   835
    Está perdido por vos,
Que os vió en las treguas pasadas
Sobre estas rejas doradas.

ALARA.   ¡Qué necios que sois los dos,
    El alcaide en enviarte,   840
Y tú en venir!

NUÑO. (*Ap.*)   No entra bien;
    Pero es el primer desdén.

ALARA.   A tí no debo culparte,
    Que eres, en fin, mensajero;
    Aunque a buen tiempo has venido,   845
    Que no está aquí mi marido,
    Y ha tres días que le espero;
    Pero a él, que es tan discreto,
    Como nos dice la fama,
    Mucho le culpo.

NUÑO.   Si os ama,   850
    No tiene culpa, os prometo.
    Esta carta leed agora,
    Veréis en lo que se funda.

ALARA.   Va la necedad segunda.
    (*Lee.*) "Narváez, alcaide de Alora."   855
    ¡Ay de mí! La firma es suya,
    Y la letra de mi Arráez.
    ¿Quién escribe esto a Narváez,
    Cristiano, por vida tuya?

NUÑO.   Un moro, para que fuese   860
    Más claro.

ALARA.   ¿Qué suerte de hombre?

NUÑO.   Ni sus señas ni su nombre
    Podré darte, aunque quisiese.
    Dos días ha que está cautivo,
    Que en una celada dió.   865

ALARA.   ¿Sabe a quién escribe?

NUÑO.   No.

ALARA.   Algún consuelo recibo;
    Que es en extremo celoso.

Esta letra he conocido.

NUÑO.   ¿Cómo?

ALARA.   Que es de mi marido.   870

NUÑO.   Aún será el cuento gracioso.
           Luego el cautivo de allá,
           ¿Es vuestro marido?

ALARA.   Sí.

NUÑO.   (*Ap.* Yo negocio por aquí.
           Segura la prenda está.)   875
           Pues alto: venid conmigo,
           Trataréis de su rescate.

ALARA.   Justo será que dél trate,
           Aunque injusto el ir contigo.
           Pero donde está mi Arráez,   880
           Más sus celos aseguro,
           Y más si su bien procuro.
           Pero ¿qué dirá Narváez?
           Que voy a lo que me llama,
           Sin duda, creerá de mí.   885

NUÑO. (*Ap.*) Basta; que llevo de aquí
           A uno mujer y a otro dama.

ALARA.   Mas diga lo que quisiere,
           Pues se ha de desengañar:
           Mis joyas quiero llevar,   890
           Y el dinero que pudiere.
           Vamos, que es de amor indicio.
           Haré ensillar en qué vamos.

NUÑO. (*Ap.*) Una para dos llevamos;
           No anda muy malo el oficio.   (*Vanse.*) 895

Jardín en Cartama

ESCENA XIII

ZORAIDE, JARIFA, ABINDARRÁEZ

ZOR.   No me puede pesar con más extremo.
Forzosa es mi partida, Abindarráez,
Y el dejarte en Cartama es más forzoso,
En poder del alcaide que aquí viene;
Que así lo escribe el Rey y así lo manda.   900

ABIND. ¿Que así lo manda el Rey y así lo escribe?

ZOR.   Que me parta a Coín con mi familia
Me manda el Rey, y que te deje solo
Aquí en Cartama, mientras Zaro viene,
Que ha de ser el alcaide de Cartama.   905
Yo me he de partir hoy, porque me manda
Que acuda de Coín a la flaqueza,
De los fieros cristianos oprimida,
Ejercitados en continuos robos,
Celadas, quemas, correrías, talas,   910
Y otras malas y ruines vecindades
Que suelen siempre hacer los fronterizos,
Y más donde Rodrigo de Narváez
Está con tal valor, consejo y fuerza,
Que es uno de los nueve que publica   915
Del sur al norte la española fama.

ABIND. ¿Que así lo manda el Rey y así lo escribe?

ZOR.   Hijo, Dios sabe lo que a mí me pesa,
Si basta solamente decir hijo.
¿Cómo puedo exceder de lo que él manda?   920

3-2

ABIND.   ¿De qué me tiene el Rey a mí tal odio,
         Si os hace el Rey a vos mercedes tantas?
         ¿Por ventura soy yo del Rey esclavo?
         ¿He cometido algún delito inorme
         Contra sus leyes o real cabeza,   925
         Que me manda dejar solo en Cartama,
         Y sujeto al alcaide que aquí viene;
         Y a vos, que sois mi padre, y a Jarifa,
         Mi amada hermana, que a Coín se partan?
ZOR.   Hijo, el Rey me lo escribe, el Rey lo manda: 930
         Yo voy a responder y obedecelle.
         Tú entre tanto, Jarifa, haz que aperciban
         Tus mujeres tu ropa, que esté a punto,
         En tanto que Alborán parte a Granada.
JARIFA. Ansí lo haré, señor, que a la partida   935
         Ya estoy desde esta tarde apercebida.

                              (*Vase Zoraide.*)

                    ESCENA XIV

              ABINDARRÁEZ, JARIFA

ABIND.   Sola esta vez quisiera,
         Dulce señora mía,
         Hacerme lenguas para hablaros tanto,
         Que del alma se viera   940
         La pena y la porfía;
         Mas salga por los ojos, vuelta en llanto.
         De que viva me espanto
         Tan desdichada vida,
         Si ha de quedar en calma   945

Apartándose el alma
De aquellos brazos donde estaba asida.
Fuí esposo ayer presente;
Hoy, ¿qué seré, si estoy de vos ausente?
   ¿Que os vais, hermosos ojos,   950
Soles del mismo cielo?
¿Que dejáis vuestra tierra y vuestro amigo?
¿Qué de ausencia y enojos,
Nubes del bajo suelo,
Eclipsan vuestra luz, que adoro y sigo?   955
¿Que no hablaréis conmigo,
Ni me diréis amores?
¿Que no podré tocaros?
¿Que ya no podré hallaros
Entre estas aguas y olorosas flores?   960
¿Qué es esto, vida mía?

JARIFA.   De la de entrambos el postrero día,
   Si no me consolara,
Gallardo dueño mío,
Señor del alma, que la tuya adora,   965
Que la fortuna avara
No es peña, monte o río,
Sino mudable viento de hora en hora.
La ausencia, que ya llora
El corazón presente,   970
Me acabara la vida,
Que vive entretenida
En que has de estar tan poco tiempo ausente,
Cuanto pueda llamarte
Para poder secretamente hablarte.   975
   No habrá ocasión tan presto,

Cuando te llame a verme,
Que presto la ha de haber, aunque ya es tarde.
Y en pago, esposo, desto,
Tan tuya quiero hacerme,   980
Que entre mis brazos tu venida aguarde.

ABIND.   Huya el temor cobarde,
Señora, de mi pecho,
Si ese bien me prometes.

JARIFA.   Paso: no te inquïetes,   985
Que por ventura por mi bien se ha hecho;
Que, viniendo secreto,
Tendrán nuestros deseos dulce efeto.
        Yo entiendo que mi padre
Irá presto a Granada,   990
O que tendrá otro justo impedimento
Que a nuestra vida cuadre,
Y yo estaré ocupada
En sólo este cuidado y pensamiento.

ABIND.   Y en este apartamiento,   995
¿Qué me dejas por vida,
Si la vida me llevas?

JARIFA.   La esperanza y las nuevas
De que será tan presto tu partida.

ABIND.   Al fin ¡te vas, señora!   1000
¡Triste de mí, si yo me muero agora!

JARIFA.   No morirás, mi vida,
Que la mía te queda.

ABIND.   Pues viviré mil siglos inmortales.
Dame, esposa querida,   1005
Tus brazos, en que pueda
El alma descansar de tantos males.

JARIFA.	Véngante tan iguales
	Como yo lo deseo.
ABIND.	¿Llamarásme?
JARIFA.	¿Eso dudas? 1010
ABIND.	No haré, si no te mudas.
	¡Ay, cuántos siglos ha que no te veo!
JARIFA.	¿Cómo, si no has partido?
ABIND.	Pensé que era pasado, y no es venido.

ACTO SEGUNDO

Sala en el castillo de Alora

ESCENA I

NARVÁEZ, PÁEZ, ALVARADO, ESPINOSA, CABRERA

NARV.	Dalde la mano, Alvarado,	1015
	Y no haya más.	
ALV.	No permitas,	
	Pues siempre honor solicitas,	
	Que pierda el que me han quitado.	
NARV.	Volvedme a contar lo que es;	
	Que en lo que hasta agora entiendo,	1020
	Poco vuestro honor ofendo.	
ALV.	El mío pongo a tus piés;	
	Pero no has de permitir	
	Que quede en mala opinión.	
NARV.	¿Sobre qué fué la quistión?	1025
ESP.	No se la mandes decir;	
	Que es parte, y dirá a su gusto.	

ALV. Yo diré mucha verdad,
      Y el que más.

NARV.   Paso: acabad;
      Que ya recibo disgusto.   1030

ESP.   Oyeme, señor, a mí.

NARV. Ni Alvarado ni Espinosa
      Me han de hablar ni decir cosa;
      Páez lo cuente.

PÁEZ.   Pasa ansí...
      —Y remítome a Cabrera,   1035
      Que estaba delante.

NARV.   Acaba.

PÁEZ. Jugando Alvarado estaba,
      Y Espinosa desde afuera;
        Y en una suerte dudosa,
      Sin pedirla o ser tercero,   1040
      A pagar de su dinero
      Juzgó la suerte Espinosa.
        Alvarado respondió:
      "¿Quién le mete en esto?" Y luego
      Replicó Espinosa: "El juego;   1045
      Que veo juego, y tercio yo."
        "Mejor fuera que callara,"
      Dijo Alvarado más recio.
      Dijo Espinosa: "Algún necio
      La suerte le barajara;   1050
        Que yo sé de tropelías."
      Alvarado replicó:
      "Miente el que dice que yo
      Puedo hacer bellaquerías."
        Espinosa en este punto   1055

El sombrero le tiró,
Metieron mano, y llegó
El presidio todo junto,
   Y pusiéronlos en paz,
Hasta que con la alabarda   1060
Llegaste al cuerpo de guarda.

NARV.   Y ¿en eso estás pertinaz?
   ¡Gentil engaño porfías!
Si estotro dice que sabe
Tropelías, ¿en qué cabe   1065
Que entiendas bellaquerías,
   Y que lo entiendas por tí?
Y el haberle desmentido,
A Espinosa no ha ofendido,
Pues él lo dijo por sí,   1070
   Y si ofensa no se ve,
Ni Alvarado desmintió,
El sombrero que tiró
De ningún efecto fué;
   Y cualquier soldado sabio,   1075
Que en agravio, si le hubiera,
Las espadas juntas viera,
Dirá que cesó el agravio.
   No hay cosa que con haber
Metido mano a la espada   1080
No quede desagraviada,
Porque es lo posible hacer.
   Quede esto a mi cuenta, y yo
Vuestro honor tomo a mi cargo,
Y satisfacer me encargo   1085
Lo que otro diga.

ALV.   Eso no;
        Que nadie hablará en aquello
        Que hablare tal capitán.
NARV.   Y esas manos ¿no se dan?
ALV.   Sí daré, pues gustas dello.   1090
ESP.   Su amigo soy.
ALV.   Yo su amigo.

ESCENA II

ORTUÑO, ZARA—*Dichos*

ORT.   ¿Con quejas al capitán?
ZARA.   Por dicha en él hallarán
        Más piedad que en tí, enemigo.
ORT.   Óyete, galga.
ZARA.   ¡Señor!   1095
NARV.   ¿Qué es eso?
ZARA.   Una pobre esclava
        Que en la nobleza que alaba
        El mundo, espera favor.
NARV.   ¿Qué es esto, Ortuño?
ORT.   Esa perra
        Me levanta no sé qué.   1100
NARV.   ¿Cúya es?
ORT.   Tuya y mía fué,
        Y cautiva en buena guerra.
ZARA.   Señor, de noche y de día
        Me hace fuerza y maltrata.
NARV.   ¿Ansí la esclava se trata?   1105
ORT.   Miente, por tu vida y mía;
        Sino que no entiende bien,

Y cualquier cortés favor
Luego piensa que es amor,
Y fuerza dirá también: 1110
　　Haciendo estaba mi cama,
Y porque a ayudarla fuí,
Se vino, huyendo de mí.

NARV. ¡Sí, sí: deso tienes fama!
　　Ahora bien: ¿qué te he de dar   1115
Por ella?

ORT. 　　　Tuya es.

NARV. 　　　　　Di, acaba.

ORT. Ya ves que es buena la esclava,
Y mejor de rescatar.

NARV. 　Doyte por ella una copa
De plata: vé al repostero.   1120

ORT. Doyle yo, pobre escudero,
Diez mil y cama de ropa,
　　Y ¡una copilla me das!

NARV. Sin dinero estoy, ¡por Dios!
Pero di que te den dos   1125
Si con tanta sed estás.

ORT. 　Beso tus manos.

NARV. 　　　　Ya, mora,
Eres mi esclava.

ZARA. 　　　　Sí soy.

NARV. Pues yo libertad te doy.
Vete a tu tierra en buen hora.   1130

ZARA. 　Dete el cielo mil vitorias,
Caudillo de los cristianos.   (*Vase.*)

CAB. ¡Qué rotas tiene las manos!

PÁEZ. Y ¡qué llenas de honra y glorias!

ESCENA III

PERALTA—NARVÁEZ, PÁEZ, ALVARADO, ESPINOSA,
CABRERA, ORTUÑO

PER.	Aquí, señor, está el moro	1135
	Que viene por el rescate	
	Del sargento.	
NARV.	¡Buen quilate	
	Descubre esta vez el oro!	
	No tengo un real, ¡por Dios!...	
	—Llama ese morillo aquí,	1140
	Y por él me lleve a mí,	
	O estemos juntos los dos.	
	Pero escucha: al repostero	
	Di que mi plata le dé;	
	Que yo la rescataré	1145
	Cuando tuviere el dinero.	
	Venga el sargento al momento,	
	Donde es tan bien menester,	
	Porque más vale comer	
	Sin plata que sin sargento.	1150
PER.	¡Oh Alejandro! ¡Oh gran Narváez!	
NARV.	Id vos, Peralta, con él.	
PER.	Voy, señor. (*Vase.*)	
PÁEZ.	¿Qué das por él?	
NARV.	Quinientos escudos, Páez.	
PÁEZ.	Aunque de esclavo le sacas,	1155
	Por esclavo le has comprado.	

ESCENA IV

NUÑO, *en hábito de moro, con un rebozo*—NARVÁEZ, PÁEZ,
ALVARADO, ESPINOSA, CABRERA, ORTUÑO

NUÑO.   ¿Hay acaso algún soldado,
Que no tenga fuerzas flacas,
  Que quiera luchar conmigo?

NARV.   ¿Por dónde este moro entró?   1160
¿Quién puerta y licencia dió
En mi casa a mi enemigo?

NUÑO.   Yo me entré solo a probar
Mis fuerzas o en paz o en guerra.

ALV.   ¡Bravo moro! En esta tierra   1165
Suelen desafíos usar.
  Yo quiero luchar contigo.

PÁEZ.   Y yo con adarga y lanza.

ESP.   Yo con la espada, si alcanza
La suya a igualar conmigo.   1170

NUÑO.   A todos juntos os reto,
Fuera del alcaide.

PÁEZ.   Bien;
Mas conmigo solo ven.

NUÑO.   Eres valiente en efeto;
  Mas no vengo a pelear,   1175
Sino a avisar a Narváez.

NARV.   Salíos todos, y tú, Páez,
Haz esas puertas guardar.

PÁEZ.   Bien dices; que éste podría
Intentar tu muerte.

ALV.   Vamos.   1180

(*Vanse los soldados.*)

ESCENA V

NARVÁEZ, NUÑO

NARV.   Ya, moro, solos estamos.
NUÑO.   ¿No me conoces?
NARV.   Querría.
NUÑO.   Soy el moro Marfuz.
NARV.   Creo
Que eres famoso y gran hombre,
Aunque nunca oí tal nombre;   1185
Mas verte el rostro deseo.
NUÑO.   Soy sobrino de Mahoma.
Vengo a matarte.
NARV.   ¿A mí?
NUÑO.   Sí;
A tí pues.
NARV.   ¿Adónde?
NUÑO.   Aquí.
NARV.   Pues alto: la espada toma.   1190
NUÑO.   Pues ya, como ves, la empuño.
NARV.   ¡Ea, moro, a mí te ven!
NUÑO.   Nuño soy.
NARV.   ¿Nuño?
NUÑO. (*Descubriéndose.*)   Pues ¿quién?
NARV.   ¡Válate el diablo por Nuño!
NUÑO.   ¿No sabes lo que ha pasado?   1195
NARV.   ¿Cómo?
NUÑO.   El moro que escribió,
Era el dueño de quien yo

	La misma carta he llevado.	
NARV.	¿Qué dices?	
NUÑO.	Que es su marido,	
	Y que viendo su prisión,	1200
	Viene a verle.	
NARV.	Y a ocasión	
	Que ya libremente es ido.	
NUÑO.	¿Ido?	
NARV.	Enviéle a su casa.	
NUÑO.	¿Por qué?	
NARV.	Porque era celoso.	
NUÑO.	¡Por Dios, que es cuento donoso!	1205
	Todo a propósito pasa;	
	Que la mora traigo aquí,	
	Y ansí la podrás gozar,	
	Pues da el marido lugar.	
NARV.	¡Qué buen remedio le dí!	1210
NUÑO.	La vida ¡por Dios! le has dado,	
	Pues a su casa le envías	
	Cuando a la tuya traías	
	La prenda que le has quitado.	
	¡Buen recado hallará en ella!	1215
	¡Oh celosos! Siempre ví	
	Que les sucediese ansí;	
	El guardalla es no tenella.	
NARV.	Bien dices.	
NUÑO.	Ya viene; escucha.	

ESCENA VI

ALARA—NARVÁEZ, NUÑO

NARV.   Pésame ¡por Dios! Señora,   1220
             De que hayáis venido agora.
             (*Ap. a Nuño.* ¡Qué grande hermosura!)
NUÑO.   Mucha.
NARV.   En aqueste punto envío
             Vuestro marido de aquí,
             Aunque no le conocí.   1225
ALARA.   Bésoos los piés, señor mío,
                 Por la merced recebida.
             Pero soy tan desdichada,
             Que a sus celos y a su espada
             Ofrezco mi cuello y vida;   1230
                 Que, como allá no me halle,
             No ha de creer mi intención,
             Sino que ha sido invención
             Por gozarme y engañalle.
                 Pero ya, después que os veo   1235
             Tan gallardo, ilustre y fuerte,
             Tendré por justa mi muerte
             Y por vida mi deseo:
                 Cuanto publica la fama
             Es poco en vuestra presencia.   1240
NARV.   Yo os quise mucho en ausencia,
             Y presente, el alma os ama;
                 Pero en ella me ha pesado
             Que de la carta haya sido

Tercero vuestro marido, 1245
A quien libertad he dado.

ALARA. No os cause, señor, pesar,
Sino servíos de mí;
Que ya que he venido aquí,
Vuestro amor quiero pagar. 1250
Y ¡dichosa yo, si acaso
Amor firme hallase en vos!

NARV. (*Ap. a Nuño.*) ¿Qué te parece?

NUÑO. ¡Por Dios,
Que habla desenvuelto y raso!
(*Ap.* ¿Vos erais la desdeñosa? 1255
Malo estaba de entender;
No he visto fácil mujer
Que no sea vergonzosa.)

NARV. Yo os agradezco en extremo
La voluntad, mi señora; 1260
Pero, aunque el alma os adora,
La ofensa de mi honor temo;
Que parece que deshonra
Mi opinión y calidad
Que a quien dí la libertad 1265
Le venga a quitar la honra.
¿Qué dirá vuestro marido,
Sino que yo le engañé?
Y sabe el cielo que fué
No habiéndole conocido. 1270
Sabed que soy caballero,
Y que quitalle el honor
Contradice a mi valor.

NUÑO. (*Ap.* Mejor dirás majadero.)

        (*Ap. a Narváez.* Gózala, ¡pesia a mi vida! 1275
        O si no, dámela a mí.)

ALARA.   Señor, ya he venido aquí,
        Y os quiero, si soy querida;
          Y aunque ese término sea
        Del valor que en vos se ve,   1280
        Advertid que pensaré
        Que os he parecido fea.

NUÑO.   Dale ese contento, acaba;
        Que en amor no hay cortesía.

NARV.   Basta, Nuño.—Alara mía,   1285
        Más os amo que os amaba;
          Más hermosa estáis aquí
        Que entre las rejas azules.

NUÑO.   Ya entiendo; no disimules:
        Señora, queredme a mí.   1290
        (*Ap.* ¡Vive Dios, que es impotente!)

NARV.   Nuño, parte y ve con ella
        A Coín. Vos, mora bella,
        Tenedme por vuestro.

NUÑO.   Tente;
        No pierdas esta ocasión.   1295

NARV.   A quien libre quise hacer,
        ¿He de quitar su mujer?

NUÑO.   ¡Oh nuevo andaluz Cipión!
          Hazañas son de tu mano.
        Vamos, Alara, de aquí.   1300

ALARA.   ¡Que me desprecies ansí!
        ¡Oh riguroso cristiano!   (*Vanse Alara y Nuño.*)

ESCENA VII

NARVÁEZ

Si fué mayor la gloria y noble el pago
Que dió en España a Cipïón la fama
En no querer gozar la presa dama,   1305
Que el vencimiento ilustre de Cartago;
    Y si después de aquel lloroso estrago
De Dario, más heróico el mundo llama
Al macedón, que no violó su cama,
Mi deuda con lo mismo satisfago.   1310
    No quiero que me estimen ni me alaben
⸤as propias ni las bárbaras naciones,
Porque en mi pecho sus grandezas caben.
    No son los capitanes Cipïones,
Ni Alejandros los reyes, si no saben   1315
Vencer sus apetitos y pasiones.

ESCENA VIII

PERALTA, ORTUÑO, ALVARADO, ESPINOSA, CABRERA— NARVÁEZ

PER.   ¡Albricias!
NARV.   Yo te las mando.
ORT.   ¡Ea, fiestas y alegría!
PER.   Dos mil ducados te envía
De socorro el rey Fernando.   1320
NARV.   Dios guarde al Rey mi señor.
Esta tarde hay paga.

ALV.   ¡Vivas
          Mil años, y dél recibas
          Premio igual a tu valor!

NARV.   Ea, poned mesas luego;   1325
          Todo os lo he de dar, ¡por Dios!
          Y a ser diez mil, como dos.

ESP.   Peralta, mis pagas juego.

PÁEZ.   ¿Quién habrá que eso no haga?

NARV.   Llama aquesas cajas, Páez.   1330

CAB.   ¡Vivan Fernando y Narváez!

ALV.   ¡Paga!

CAB.   ¡Paga!

ORT.   ¡Paga!

ESP.   ¡Paga!   (*Vanse.*)

Jardín en Cartama

ESCENA IX

ABINDARRÁEZ

          Esperanza entretenida,
          Mal nos llevamos los dos:
          No hay quien lleve como vos   1335
          Hasta la muerte la vida.
          Sois una vela encendida,
          Que va ardiendo hasta acabarse;
          Pues también, si ha de matarse,
          Quedaráse el alma a escuras;   1340
          Y entre tantas desventuras,
          Bueno es vivir y quemarse.

Por tí, esperanza, el cuidado
Entretiene de una suerte
Al soldado entre la muerte, 1345
Y en el palo al sentenciado;
En el mar al que va a nado,
Al peregrino en el yermo,
En el peligro al enfermo:
Y ansí, yo por tí en la guerra, 1350
Cordel, peligro, mar, tierra,
Hablo, vivo, como y duermo.
  Todo se finge por tí,
Dudosa y tarda esperanza;
Por tí lo imposible alcanza 1355
Quien tiene esperanza en tí.
Si se pasa el mar ansí,
La enfermedad, el cordel,
En esta ausencia cruel
De mi Jarifa querida 1360
Pasa hasta el fin de mi vida,
Pues está el remedio en él.
  Y vos, hermosa señora,
Acordáos que aquí los dos
Vivimos, queriendo Dios, 1365
Con más regalo que agora.
Desde la noche a la aurora,
En este jardín hermoso
Pasábamos el gozoso
Tiempo que agora nos falta, 1370
Porque la gloria más alta
Tiene su fin más dudoso.
  Mas ya estaréis, por ventura,

Destos tiempos olvidada,
Porque la gloria pasada   1375
Poco en la memoria dura
De quien olvidar procura.
Para vivir sin tormento
Bien lloré mi apartamiento;
Que bien echaba de ver   1380
Que palabras de mujer
Tiener la firma del viento.

   Bellas flores y jazmines,
Que hurtábades por favor
A su aliento vuestro olor   1385
En estos frescos jardines,
¡ Mirad a qué tristes fines
Han venido mis vitorias!
¡ Mirad cuáles son las glorias,
Y los tormentos qué tales!   1390
Pues no me mataron males,
Y me han de matar memorias.

ESCENA X

MANILORO—ABINDARRÁEZ

MANIL.   Ya, señor, las tres han dado:
Hora será de comer,
Si por dicha, como ayer,   1395
No te quedas olvidado.
   Deja la melancolía;
Come, y desecha la pena;
Que, aunque comas, será cena,

Pasado lo más del día.   1400
   Aunque a Jarifa aguardaras
Con la mesa puesta ansí,
Era ya tarde.

ABIND.   ¡Ay de mí!
Que en sólo el cuerpo reparas;
   Déjale al alma comer   1405
Suspiros, lágrimas, quejas.

MANIL. ¡Por Dios! que si al cuerpo dejas,
Que ella le venga a perder.
   No te digo que no penes,
Mas que para poder dar   1410
Fuerzas a tan buen penar,
Tendrás más si a comer vienes;
   Porque el que bien ha comido,
Más peso llevará a cuestas.

ABIND. Tu inocencia manifiestas,   1415
Tu libertad y tu olvido.
   Vete con Dios, Maniloro,
Y déjame aquí morir.

MANIL. Mucho ese tierno sentir
Hace ofensa a tu decoro;   1420
   Y aun a tu Jarifa ofende,
Que tanto tu vida estima.

ABIND. ¿La estima?

MANIL.   Sí, pues la anima,
Y que se aumente pretende.
   Y pues tu pecho recibe   1425
Su alma, y casa le has hecho,
¿Por qué maltratas el pecho
Adonde Jarifa vive?

ABIND.   ¡Ay, Maniloro! ¿Qué intento?
        Mal hago en querer morir,   1430
        Si el huésped ha de salir
        Del pecho en que le aposento.
            Viva yo; sustento venga;
        Viva Jarifa.
MANIL.   Eso sí.
ABIND.   Mas ¿no es engaño, no, ansí,   1435
        Que vida en ausencia tenga?
            Si muero, mi alma irá
        A ver a Jarifa luego.
        Vete con Dios.

ESCENA XI

CELINDO, *con una carta*—*Dichos*

CELIND.   Creo que llego
        A buen tiempo.
MANIL.   ¿Quién va allá?   1440
CELIND.   Celindo soy, Maniloro.
        ¿Y Abindarráez?
MANIL.   ¡Oh Celindo!
        Aguarda.
ABIND.   A morir me rindo:
        Tanto, ausente, peno y lloro.
MANIL.   ¿Qué me darás, y tendrás   1445
        Nuevas de Jarifa y cartas?
ABIND.   La vida, el alma que partas.
MANIL.   Celindo...
ABIND.   ¡Amigo! ¿aquí estás?

CELIND.	Dame tus piés, y ésta toma.
ABIND.	¡Que tal bien se me conceda!

ABIND.   ¡Que tal bien se me conceda!   1450
¿Cómo mi Jarifa queda?

CELIND. Buena, gracias a Mahoma.

ABIND.   Mil besos doy a su firma,
Que hasta el alma me penetra:
¿Qué hará el sentido? La letra   1455
Sola mi gloria confirma.
    (*Lee.*) "Esposo: Mi padre es ido
A Granada desde ayer.
Venme aquesta noche a ver...."
¡Cielos! yo pierdo el sentido.   1460
    En el camino podré
Leer, amigos, lo demás.
Maniloro, ¿no me das
Caballo? ¿Heme de ir a pié?
    Mi vida, ¿que podré veros?   1465
Mi alma, ¿que podré hablaros?
Mis ojos, ¿que he de gozaros
Y en estos brazos teneros?
    Ea, loco estoy del todo.
Celindo, ésta toma, ten;   1470
Y tú estas joyas también:
Vuestro soy y vuestro es todo.
    Dame una marlota rica,
Llena de aljófar y perlas,
Que ha de verme y ha de verlas   1475
Quien al sol su lumbre aplica.
    Dame un hermoso alquicel
O bordado capellar,
Y también me puedes dar

Alguna banda con él.   1480
   Dame bonete compuesto
De mil tocas y bengalas
Y plumas, porque no hay galas
Que luzgan sin plumas: presto.
   Dame una manga bordada   1485
De aljófar y oro, a dos haces.
Los amores son rapaces:
Con rapacejos me agrada.
   Dame borceguí de lazo
Y acicate de oro puro,   1490
Y porque vaya seguro,
Ensillarásme el picazo.
   Ponle una mochila azul
Y un freno de campanillas,
La más fuerte de mis sillas   1495
Y una adarga de Gazul;
   Una lanza de dos hierros,
Que los extremos se igualen,
Por si al camino me salen
Algunos cristianos perros.   1500
   No habrá salido andaluz
Tan galán a escaramuza,
Ni Almadán, ni el moro Muza,
Contra el de la roja cruz.
   Ea, mi bien, aguardad   1505
Vuestro Abindarráez: ya voy.   (*Vase.*)

ESCENA XII

MANILORO, CELINDO

MANIL.	Loco está, a fe de quien soy.
CELIND.	Amor es enfermedad.
MANIL.	Voy a darle de vestir.
CELIND.	Tiene razón de querella,
	Que le adora, y es tan bella
	Cuanto se puede decir.
MANIL.	¿Está seguro el camino?
CELIND.	Para moro tan valiente,
	¿Qué importa un mundo de gente?
MANIL.	¿Va solo?
CELIND.	Solo, imagino.

1510

1515

(*Vanse.*)

Vista exterior de los muros de Alora

ESCENA XIII

ARRÁEZ, *a caballo*

¡Gracias a Alá, que llegué
Donde mi muerte o venganza
Descansarán mi esperanza!
Aquí al muro arrojaré,
Pidiendo guerra, la lanza.—
    Pero ya están en el muro.

1520

ESCENA XIV

NARVÁEZ, ORTUÑO, PÁEZ, ALVARADO, CABRERA, ESPINOSA *y*
PERALTA, *en el muro*—ARRÁEZ, *delante de él*

NARV.	¿Moro dices a caballo?
ORT.	Desde aquí puedes mirallo.
ARR.	(*Ap.* Vengarme o morir procuro: 1525

Quiero desde aquí retallo.)
   Don Rodrigo de Narváez,
Valiente por sólo el nombre,
Y más cobarde en los hechos
Que gallardo en las razones: 1530
Tú, que, fingiendo valor
Entre quien no te conoce,
Has ganado injusta fama
Del ocaso a los triones:
Yo soy Abenabó Arráez,   1535
A quien ayer, como doble,
Diste libertad fingida;
Quien no te entiende, te compre.
Mi infamia trazaste, Alcaide;
Que apenas pasé del monte,   1540
Cuando a mi casa enviaste
El mayor de tus ladrones.
A mi mujer me ha robado;
Que primero que la goces,
Te pienso sacar el alma,   1545
Cuerpo a cuerpo, entre estos robles.
¿Esos eran los consejos
De caballero y de noble?

¡Buenas tretas son, Alcaide!
Quien no te entiende, te compre.   1550
Apenas entré en mi casa,
De donde pensaba entonces
Enviarte un rico presente,
Cuando entiendo tus traiciones.
Iba yo por el camino   1555
Cantando tus grandes loores,
Y pensando qué rescate
Te diese, aunque rico, pobre.
Imaginaba caballos,
Atados en los arzones   1560
Ricos alfanjes de Túnez,
Con mochilas de colores';
Finas alfombras de seda,
Frenos y estribos de bronce,
Y unos para tí de plata,   1565
Sin otras joyas y dones,
Cuando la mejor que tengo,
Hallo que me falta; y dióme
Más pena en que tú la tengas,
Y me aconsejes y robes;   1570
Que la traición del amigo
Más se siente y duele al doble;
Y engañar, fingiendo amar,
Es gran bajeza en el hombre.
Por eso te desafío,   1575
A tí, a tres, a seis, a doce,
Y os reto como a villanos,
Como a infames y traidores,
De que no tenéis palabra

Ni miráis obligaciones;   1580
Que no hay entre todos uno
Que el amigo no deshonre.
Dame mi esposa, Rodrigo,
Si mis palabras te corren;
Que no he de salir del campo   1585
Menos que muera o la cobre.

NARV.   Moro, engañado has venido;
Que a quitarte las prisiones
Vino a mi Alora tu Alara,
Como verás cuando tornes.   1590
Porque apenas vino aquí,
Cuando a volver se dispone,
Por asegurar tus celos
Y temer tus sinrazones.
Si con ella te he ofendido,   1595
¡Plega al cielo, moro noble,
Que me atraviese la espada
De un moro villano y torpe!
A fe de hidalgo y cristiano,
Por la vida, que Dios logre,   1600
Del rey, mi señor, Fernando,
Por quien guardo aquestas torres,
So pena de que en castigo
Vuelva sin honra a su corte,
Que no he tomado su mano,   1605
Ni en presencia dicho amores.
Y tú eres, moro, el primero
A quien doy satisfaciones;
Y no te las doy por mí,
Que no temo armas ni voces,   1610

Sino por ella, a quien debes
El amor que desconoces
Con esos injustos celos
Y villanas presunciones.

PÁEZ. ¡Pesia al moro! Señor mío,   1615
Con él en eso te pones
Tú, que no sueles sufrir
Marsilios ni Rodamontes?
Aguarda; que a puros palos
Le haré que el camino tome   1620
A reñir con su mujer
Los celos que se le antojen.

NARV. Páez, no salga ninguno,
Si no es que el moro responde
Que no está contento desto.   1625

PÁEZ. Suplícote me perdones;
Que le he de quitar la vida.

ORT. Tiene razón. Baja, corre,
O haremos todos lo mismo.

ALV. Mejor es que alguno nombres   1630
De los que estamos aquí
Sufriendo que nos deshonre....

CAB. El que llegare más presto
Basta.

NARV.   Ninguno me enoje.

ESP. Perdona, que no hay remedio.   1635

PER. Baja, y la boca le rompe.

NARV. ¡Por vida del Rey!

PER.   No jures.

NARV. ¡Ah, señores! ¡Ah, señores!

(Quítanse todos del muro.)

PÁEZ. (*Dentro.*)   Permíteme, Alcaide ilustre,
                    Que de una almena le ahorque.   1640
CAB. (*Dentro.*)   Dame licencia, señor,
                    Que las narices le corte.

ESCENA XV

ARRÁEZ

    Basta, que vienen todos los cristianos.
    Mal hice en presumir de un hombre noble
    Una bajeza igual; pero los celos   1645
    No dan lugar a la razón, ni miran
    Si es justo o no lo que su rabia intenta.
    Bien puedo a la defensa prevenirme,
    Que dijera mejor para la muerte,
    Porque cualquiera dellos es un Héctor,   1650
    Y el Alcaide famoso el mismo Aquiles.

ESCENA XVI

PERALTA, ALVARADO, ORTUÑO, PÁEZ, CABRERA *y* ESPINOSA,
con las espadas desnudas, y NARVÁEZ, *deteniéndolos*

NARV.   Ténganse, digo; ténganse, soldados,
        O ¡por vida del Rey!...
PER.   Señor, ninguno
        Quiere ofenderte.
NARV.   Envainen pues.
ARR.   ¡Oh ilustre
        Rodrigo, a quien el cielo haga dichoso   1655
        Sobre todos aquellos que celebra

La antigüedad con palmas y laureles!
Rendido estoy a tu nobleza, y veo
Que mi ignorancia fué mi propio engaño
Aunque si amor a todos da disculpa,   1660
¿Por qué no la tendrán mi amor y celos?
Si tú, si tus soldados, si los hombres,
Si las aves, los peces, si las fieras,
Si todo sabe amor, si todo teme
Perder su bien, y con sus celos propios   1665
Defiende casa, nido, mar y cueva,
Llora, lamenta, gime y brama; advierte
Que celos y sospechas me obligaron
Al desatino que a tus piés me rinde.

NARV.   Moro, la libertad que yo te he dado   1670
Me obliga a tu defensa; y sabe el cielo
Que te he dado tres cosas en un día,
Que es dellas cada cual la más preciosa:
La libertad, la honra, y hoy la vida.
Vuelve a Coín; pero primero jura   1675
Que no has de dar a Alara pesadumbre;
Que si lo sé ¡por vida del Rey! juro
Que he de quemar tu casa, y a tí en ella,
Cuando fuera Coín, Granada o Córdoba.

ARR.   Yo te doy la palabra, y por Mahoma   1680
Te juro de querella y regalalla.

NARV.   Parte con Dios; que buena mujer tienes
En Coín, y en Alora buen amigo.
Cuando alguno tratare de enojártela,
Acude a mí, que yo seré tu espada.   1685

ARR.   Los cielos guarden tu famosa vida.   (*Vase*)

NARV.   Esto es mi gusto; no replique nadie.

ESCENA XVII

NUÑO—NARVÁEZ, *y los cinco soldados*

NUÑO.   Ya queda, ilustre Alcaide, en Coín Alara;
Mas yo no sé qué enredos son aquestos,
Pues parte de aquí agora su marido.   1690

NARV.   Vino en su busca, no la hallando en casa.

NUÑO.   Tiene aqueste camino tantas sendas,
Que el miedo y las celadas han causado,
Que le hemos siempre errado en el camino.

NARV.   Mohino estoy del moro, aunque habéis visto   1695
Que le he hablado tan bajo y tan humilde
La culpa tengo yo de que se atrevan
Por la quietud con que en mi casa vivo.
La buena vecindad lo causa. Basta;
Que yo lo enmendaré de aquí adelante;   1700
Y dese buen principio en esta noche.
Nueve, los más gallardos de vosotros,
Ensillen sus caballos y armen luego;
Que quiero poner miedo a estos villanos,
Y que no tengan de sosiego un hora.   1705
Tú, Nuño, aquí te queda; y si te hallares
Para salir al campo descansado,
Ve, y podrásme alcanzar donde ya sabes.

NUÑO.   En quitándome aquestos galgamentos
Y mahométicos hábitos, te alcanzo.   1710
No te apartes de aquellos olivares.

NARV.   Corre, que allí te aguardo.—¡Hola! secreto.
No sepan en Álora que salimos.

                                   (*Vanse todos, menos Nuño.*)

ESCENA XVIII

NUÑO

Extraño fué de Alara el pensamiento,
En viendo la presencia de Narváez,   1715
Pues en todo el camino no ha cesado
De distilar mil perlas de sus ojos,
De enamorada, tierna y despreciada;
Que la mujer con el desprecio quiere.
Díjele mi razón, pero fué en vano;   1720
Que tiene el alma del Alcaide llena.

ESCENA XIX

MENDOZA—NUÑO

MEND. (*Sin ver aún a Nuño.*)
    ¡Gracias al cielo, que estos muros veo,
    Ya de mi cautiverio el cuello libre!
    ¡Oh generoso Alcaide! claro ejemplo
    De aquellos capitanes felicísimos   1725
    Cuyas cenizas honra Italia y Grecia....
    —Mas ¿cómo es esto? Salgo de entre moros,
    Y el primero que encuentro ¡es moro en casa!
NUÑO.   Señor Mendoza...
MEND.   ¿Quién es?
NUÑO.   Yo soy Nuño.
MEND.   ¡Oh Nuño amigo!
NUÑO.   Muchos años goces   1730
    La libertad.

MEND.   ¿Adónde está el Alcaide?

NUÑO.   Por el portillo entiendo que ha salido
         Con algunos soldados, de secreto,
         Que quiere hacer aquesta noche un robo.

MEND.   No excuso de servirle ni de verle,   1735
         Y besarle las manos como a padre,
         Por la merced de mi rescate.

NUÑO.   Vamos;
         Que yo sé dónde van.

MEND.   Pues, Nuño, ensilla.

NUÑO.   En quitándome aquestas sopalandas.

MEND.   Pues ¿cómo estás ansí? Mas ya imagino   1740
         Que habrá por qué.

NUÑO.   Sabráslo en el camino. (*Vanse.*)

Campo

ESCENA XX

NARVÁEZ, PERALTA, PÁEZ, ESPINOSA, ALVARADO,
y otros cinco soldados
(*Todos con adargas, lanzas y acicates, lo mejor que
puedan; que esta es la salida de importancia*)

NAR.   Todo hombre esté atento y surto,
         Que apenas nos oiga el viento,
         Con tan poco movimiento,
         Como el lobo cuando al hurto   1745
         Camina solo y atento;
             Que si en los montes o llanos
         De los ganados cercanos

Hace en las piedras rüido
Con las manos, de corrido,   1750
Se muerde las mismas manos.
 Creció ya la desvergüenza
Desta bárbara canalla,
Y es lo mejor atajalla
En los pasos que comienza   1755
Que en los fines remedialla.
 Todos sois fuertes soldados,
Todos hidalgos, y hallados
En famosas ocasiones:
Aquí son, con las razones,   1760
Los consejos excusados.
 Deseo hacer una presa
Con que enviar a Fernando,
Que siempre me está obligando,
Algún fruto desta empresa;   1765
Que ha mucho que estoy callando.
 Yo soy como el labrador
A quien alquila el señor
La viña por su tributo,
Pues si no le rindo el fruto,   1770
Quejarse puede en rigor.

PER.   Famoso alcaide de Alora
Y de la fuerte Antequera,
Que a Sevilla honrar pudiera,
Si la ocasión es agora,   1775
Suceso dichoso espera;
 Que cualquiera piensa hacer
Lo que se debe, a tener
Tu militar disciplina.

PÁEZ.	Gente a caballo camina.	1780
	¿Quién será?	
ESP.	¿Quién puede ser?	
NARV.	Oíd; que llegan aquí.	
NUÑO.	Ellos sin duda serán.	

ESCENA XXI

MENDOZA y NUÑO, *con lanzas y*
adargas—Dichos

MEND.	Mas ¡qué encubiertos están!	
NARV.	¿Quién va allá?	
MEND.	(*Ap. a Nuño.*) Quién somos di.	1785
NUÑO.	Tus soldados, capitán.	
MEND.	Nuño y Mendoza.	
NARV.	¡Oh Mendoza!	
	La libertad justa goza	
	Mil años.	
MEND.	Dame tus piés.	
NARV.	Allá hablaremos después.	1790
NUÑO.	¿Qué, perdiste aquella moza?	
NARV.	Calla, Nuño: que me importa.	
	Y pues aquí hay dos senderos,	
	Divididos, caballeros,	
	Será la empresa más corta.	1795
NUÑO.	Vengan diez mil moros fieros;	
	Que en diez hay para diez mil.	
NARV.	Habla con voz más sutil.	
	Si el contrario nos aprieta,	
	Acudid a esta corneta.	1800

ALV.   Cualquiera contrario es vil.

NARV.   Los cuatro venid conmigo,
            Y los cinco id por allí.—
            Nuño, calla.

NUÑO.   Harélo ansí,
            Aunque en no yendo contigo,   1805
            Voy sin fuerzas y sin mí.

ALV.   ¿Por dónde, Nuño, echaremos?

NUÑO.   Por entre estos olivares.

            (*Vanse Narváez, Mendoza y otros tres soldados.*)

ESCENA XXII

NUÑO, ESPINOSA, PERALTA, ALVARADO
y ORTUÑO

ESP.   ¡Plega al cielo que topemos
            O ganados o aduares!   1810

NUÑO.   Y algún moro que almorcemos.

ALV.   ¿Acordáisos de aquel día
            Que solo Narváez venía?

ESP.   Paso; que he oído cantar.

ALV.   Aquí podéis escuchar,   1815
            Que parece algarabía.

ESCENA XXIII

ABINDARRÁEZ, *dentro—Dichos*

ABIND. (*Dentro, canta.*) *En Cartama me he criado,*
            Nací en Granada primero,
            Y de Alora soy frontero,
            Y en Coín enamorado.   1820

> *Aunque en Granada nací*
> *Y en Cartama me crié,*
> *En Coín tengo mi fe*
> *Con la libertad que dí.*
>   *Allí vivo adonde muero,*   1825
> *Y estoy do está mi cuidado,*
> *Y de Alora soy frontero,*
> *Y en Coín enamorado.*

(Sale Abindarráez cuan gallardo pueda, con lanza,
adarga y acicates.)

ABIND. *(Para sí.)* ¡Gracias a Alá, que ya llego!
NUÑO. *(Ap. a sus compañeros.)* ¡Bizarro moro!
ALV.   ¡Gallardo! 1830
ABIND. *(Para sí.)* Llévame al premio que aguardo,
    Dulce Amor, aunque eres ciego.
ESP.   ¡Detente, y date a prisión!
ABIND. *(Ap.)* ¡Cristianos! ¡O suerte avara!
    De mi dicha lo jurara.   1835
    ¡Oh cielo! ¿a tal ocasión?
NUÑO.   Date, o morirás.
ABIND.   ¿Ansí
    Se dan los hombres cual yo?

(Pelean. Con las lanzas y adargas se ha de hacer
esta batalla de cinco contra uno, porque es
cosa nueva.)

ESP.   ¿Qué hay, Peralta?
PER.   Aquí me hirió.
ALV.   ¡A él, que me ha herido a mí!   1840
PER.   ¡Bravo esfuerzo!

NUÑO.   ¡Extraña cosa!
          A cinco ha desbaratado.
PER.   Ya está en el suelo Alvarado,
          Y medio muerto Espinosa.
              Dad un silbo al gran Narváez.   1845

          ESCENA XXIV

NARVÁEZ *y cuatro soldados—Dichos*

NARV.   ¿Qué es esto, amigos?
NUÑO.   Que un moro
          Nos mata.
ABIND. (*Ap.*)   ¡Oh cielo que adoro,
          Ayuda tú a Abindarráez!
NARV. (*A los cuatro que vienen con él.*)
              Paso, no le acometáis.—
          Caballero fuerte y diestro,   1850
          Siendo tanto el valor vuestro
          Como entre cinco mostráis,
              ¡Dichoso aquel que os venciese!
          Y aunque yo arriesgue mi vida,
          La juzgo por bien perdida   1855
          Como en vuestras manos fuese.
              Pero al fin he de probar;
          Que empresa de tanta gloria
          Sólo intentalla es vitoria.
ABIND.   Pues alto: dadnos lugar.   1860
              (*Aquí batallan el Alcaide y Abindarráez.*)
PÁEZ.   A no estar el moro herido
          Y de pelear cansado,
          Diera al Alcaide cuidado.

NARV.	Moro, date por vencido,	
	O si no, daréte muerte.	1865
ABIND.	En tu mano está matarme;	
	Mas vencerme y sujetarme,	
	En otra mano más fuerte.	
	Tu esclavo soy. (*Ap.* ¡Ay de mí!	
	¡Ay de mí! ¡mil veces ay!	1870
	Pues ya para mí no hay	
	Sino llorar que nací.	
	¡A tal tiempo, vil fortuna!	
	Desespero ¡por Alá!	
	Mataréme.)	
NARV.	Triste está.	1875
ABIND.	(*Ap.*) Ya no hay esperanza alguna.	
NARV.	¿Hombre de tanto valor	
	Siente tanto el verse preso?	
	O ¿es las heridas?	
ABIND.	No es eso.	
NARV.	Pues ¿qué?	
ABIND.	Desdicha es mayor.	1880
NARV.	Atáos este lienzo en ellas,	
	O aguardad, y os le pondré.	
ABIND.	Aquí en el brazo saqué	
	La que más me duele dellas.	
	(*Ap.* ¡Oh mal trazada alegría!	1885
	¡Triste! ¿qué haré?)	
NARV.	¿Qué cuidado	
	Os tiene tan lastimado?	
ABIND.	(*Ap.*) ¡Ya os perdí, señora mía!	
	¡Gloria mía, ya os perdí!	
	Dulce Jarifa, mi bien,	1890

¡Ya os perdí!

NARV.   A mi casa ven;
Serás preso y dueño allí.
        Pero holgárame en extremo
Saber tu pena importuna;
Que esto de guerra es fortuna,   1895
Que mañana por mí temo.
        Alza ese rostro, noble caballero,
Porque a la libertad pierde el derecho,
Perdiendo en la prisión el prisionero
El ánimo que debe al noble pecho.   1900
Esos suspiros tiernos, ese fiero
Dolor, no corresponde a lo que has hecho;
Ni menos es tan grande aquesta herida,
Que cause indicios de perder la vida.
        Ni tú la has estimado de manera   1905
Que dejes por tu honor de aventuralla:
Si es de otra causa tu tristeza fiera,
Dímela, que por Dios, de remedialla.

ABIND.   Ya el alma en tu nobleza aliento espera;
En vano mi temor sus penas calla.   1910
¿Quién eres, generoso caballero?

NARV.   Satisfacerte de quién soy espero:
        Rodrigo de Narváez soy llamado,
Soy alcaide de Alora y de Antequera
Por el rey de Castilla.

ABIND.   ¿Que he llegado   1915
A tus manos, Alcaide?

NARV.   Tente, espera.

ABIND.   Ya no me quejo del rigor del hado,
Puesto que ha sido en ocasión tan fiera.

Huelgo de ver, Alcaide, tu presencia,
Aunque me cuesta cara la experiencia.   1920
   No me ha agraviado mi fortuna en nada,
Y pues debo estimarme por tu hacienda,
No es bien que esta flaqueza afeminada
De cosa tuya sin razón se entienda.
Retírese tu gente, y confiada   1925
Mi alma en tu palabra, ilustre prenda,
Sabrás mi historia y muerte de dos vidas;
Que no lloro prisión ni siento heridas.

NARV.   Soldados, vayan todos adelante.
NUÑO.   ¿Quedaré yo?
NARV.   Camina tú el primero.   1930

(Adelántanse los soldados; pero quedan a corta distancia.)

ESCENA XXV

NARVÁEZ, ABINDARRÁEZ

ABIND.   ¡Que la fortuna en tiempo semejante
Me trajo a verte, ilustre caballero!
Pero, porque te dé dolor y espante,
Mi historia triste referirte quiero;
Que por ventura, porque más te obligue,   1935
Sabrás qué es amor.

NARV.   Di.
ABIND.   Escucha.
NARV.   Prosigue.
ABIND.   Famoso alcaide de Alora,
Invicto y fuerte Narváez,
A quien por tantas hazañas

Pudieran llamar el Grande: 1940
Sabrás, capitán, que a mí
Me llaman Abindarráez,
A diferencia del viejo,
Que era hermano de mi padre.
Nací desdichado al mundo, 1945
De la casta Abencerraje,
Y porque sepas la suya,
Escucha, ansí Dios te guarde:
Hubo en Granada otro tiempo
Este famoso linaje, 1950
En la paz gallardo y sabio,
Y en las armas arrogante.
Del consejo eran del Rey
Los ya viejos venerables,
Los mozos seguían la corte 1955
O en la guerra, capitanes.
Amábalos todo el pueblo
Y aun los moros principales,
Y más el Rey sobre todos,
Con honras y oficios graves. 1960
No hicieron cosa jamás
Que su valor no mostrase,
Siendo en todo tan gentiles,
Valientes y liberales,
Que en Granada se decía 1965
Que no había Abencerraje
De mala disposición,
Necio, escaso ni cobarde.
Eran maestros de todo,
Inventores de los trajes, 1970

De las galas, de los motes,
Y de otras ilustres partes.
No sirvió dama ninguno
Que su favor no alcanzase,
Ni dama llamarse pudo   1975
Sin galán Abencerraje.
Pero la envidia y fortuna,
Una vil y otra mudable,
Los derribaron al suelo;
Que siempre los altos caen.   1980
Que al Rey quisieron matar
Y con sus reinos alzarse,
Les levantaron Zegríes;
Si fué cierto, Dios lo sabe.
Cortáronles las cabezas   1985
Un triste y aciago martes,
Quedando de todos ellos
Sólo mi tío y mi padre.
Derribáronles las casas,
Mandando la misma tarde   1990
Pregonarlos por traidores
Y su hacienda confiscalles.
No quedó en Granada alguno
Que este nombre se llamase,
Si no son los dos que digo,   1995
Que no pudieron culparles.
No quiso que en la ciudad
Los varones se criasen,
Y mandó sacar las hijas
En Africa u otras partes.   2000
Y así, a mí ¡triste! en naciendo,

Me llevaron al alcaide
De Cartama, hombre muy rico,
Ilustre en armas y sangre.
Este tenía una hija, 2005
Rodrigo, en belleza un ángel,
Que es el mayor bien que tengo;
Si otro tengo, Alá me falte.
Crióse conmigo niña,
Engañados y ignorantes, 2010
Que ser hermanos creímos;
Mas no engaña el tiempo a nadie.
Crióse amor con nosotros,
Niños, niño; grandes, grande:
Lo que pasó en este tiempo 2015
No es tiempo que aquí lo trate.
Desengañónos un moro,
Y vimos en un instante
El imposible posible,
Y lo posible alejarse. 2020
Casámonos de secreto;
Pero, en gloria semejante,
Que se partiese a Coín
Mandó Almanzor a Zoraide,
Y que a mí, mientras viviese, 2025
Otro alcaide me dejase
En Cartama, donde he estado
Ausente del bien que sabes.
Lloramos nuestra partida,
Y partiendo, si se parte, 2030
Concertamos que en ausencia
De su padre me llamase.

Fuése su padre a Granada;
Escribióme, y yo esta tarde
Aderecéme cual viste,   2035
Por ir de gallardo talle.
Aguardándome está agora:
¡Mira si lloro de balde,
Pues voy herido en prisiones,
Sin bien y entre tantos males!   2040
De Cartama iba a Coín,
Breve jornada, aunque alargue
Siempre la tierra el deseo,
Poniendo montes y mares;
Iba el más alegre moro   2045
Que vió Granada, a casarme
Con mi señora Jarifa,
Que ya en su vida me aguarde.
Véome preso y herido,
Y lo que siento es que pase   2050
De mi bien la coyuntura.
Déjame agora matarme.

NARV.   Notable es tu suceso, fuerte moro;
Pero, pues tanto tus desinios daña
La dilación, no es justo que los pierdas;   2055
Que has sido por extremo desdichado,
Pero hallaste *el remedio en la desdicha*.
Y porque veas que mi virtud puede
Vencer a tu fortuna, si me juras
Volver a mi prisión dentro en tres días,   2060
Libertad te daré para que vayas
A gozar de Jarifa, tu señora.

ABIND.   Beso tus piés mil veces, gran Narváez;

Que harás en eso, aunque es hazaña tuya,
La mayor gentileza que en el mundo   2065
Ha hecho caballero generoso.

NARV.   ¡Ah, hidalgos!

ESCENA XXVI

Vuelven los soldados—Dichos

PÁEZ.   ¿Qué nos mandas?
NARV.   Este preso,
Señores, si gustáis de darme, quiero
Salir por fiador de su rescate.
PER.   Haced, señor, de todo a vuestro gusto.   2070
NARV.   Dadme esa mano diestra, Abindarráez.
ABIND.   Tomad, señor.
NARV.   ¿Juráis y prometéisme,
Como hidalgo, venir a mi castillo
De Alora, y ser mi preso, al tercer día?
ABIND.   Sí juro.
NARV.   Pues partid en hora buena;   2075
Y si queréis mis armas o persona,
Iré con vos.
ABIND.   Vuestro caballo quiero,
Porque entiendo que está cansado el mío.
NARV.   Tomalde, y vamos.
NUÑO.   Tuvo extraña dicha.
ABIND.   Basta; que hallé *el remedio en la desdicha*.   2080

ACTO TERCERO

Vista exterior de la casa de Zoraide en Coín

ESCENA I

ABINDARRÁEZ

Agora que a mi bien no pone obstáculo
La fortuna cruel, y mis piés débiles
Los rayos de mi sol llevan por báculo,
Que el llanto enjugan de mis ojos flébiles,
Haciendo al alma verdadero oráculo,   2085
Mis esperanzas, hasta agora estériles,
Tendrán, ya libres de otra fuerza bélica,
Fin en los brazos de mi esposa angélica.

    Venció Narváez mi fortuna trágica,
Y dióme libertad como magnánimo;   2090
Que no hay en toda el Asia, Europa y Africa,
Caballero de tanta virtud y ánimo:
Y así, aunque herido, aquella dulce mágica,
Que adoro como al sol, mi pusilánimo
Aliento, desmayado y melancólico,   2095
Ha vuelto un Hétor o Alejandro argólico.

    En mis desdichas, hasta agora infélices,
Si esto no es sueño, fábula y apólogo,
Remedio hallaron mis intentos félices,
Y el corazón, de su ventura astrólogo.   2100
Tenéos un poco, luna y claras élices:
Que ya llego a Jarifa, que ya el prólogo
Le digo de mi historia, y los capítulos
Con dulces besos y con tiernos títulos.

¡Quién fuera Adonis bello o de Líríope   2105
El hijo que murió en el agua viéndola,
O la lengua de Apolo y de Calíope
Tuviera para hablalla, respondiéndola!
Mas fuera a un alemán y a un negro etíope,
A un dulce ruiseñor y a una oropéndola,   2110
Darles comparaciones verisímiles:
Mas basta ser en el amor tan símiles.

Aquí llega, Jarifa, vuestra víctima,
Abrid; que pasa ya la luna errática.
Seréis de mis heridas dulce píctima,   2115
Sólo en oyendo vuestra dulce plática.
Seréis, señora, mi mujer legítima;
Que así en la orilla fresca y aromática
De aquella fuente fué nuestro propósito,
Y amor de nuestras almas el depósito.   2120

Pena traigo, señora; mas repórtola
Con ver que llego a puerto salutífero.
Mi esperanza se alarga; pero acórtola
Con la grandeza de Narváez belífero.
Ya os casaréis, y ya, cual dulce tórtola   2125
Que mató el lazo o cazador mortífero,
Que el alto nido derribó del álamo,
Lleno de sangre dejaréis el tálamo.

ESCENA II

JARIFA, CELINDO—ABINDARRÁEZ

JARIFA. (*Dentro.*)   ¿La voz, dices, de mi bien?
CELIND. (*Dentro.*)   Digo que le oí llamar.   2130

ABIND.
A Jarifa siento hablar
Y a Celindo oigo también.
    Tiemblo...la sangre me acude
Al corazón...¡Buen testigo!
Que no puede el enemigo   2135
Hacer que el color me mude.
    Desmayo dulce me acaba,
Siento aflojarse las fuerzas.

                        (*Salen Jarifa y Celindo.*)

JARIFA.
¡Esposo!
ABIND.
        Si no me esfuerzas,
Para espirar casi estaba.   2140
    Cobre aliento el alma mía
En tus brazos, dulce esposa.

JARIFA.
Ya estaba de tí quejosa,
Y más del temor del día;
    Que como la noche fuera   2145
De un siglo, un siglo esperara,
Sin que esperar me cansara,
Si esperara que te viera.

ABIND.
    ¡Ay, brazos hermosos míos!
¡Ay, puerto de mis tormentos,   2150
Vida de mis pensamientos
Y de mis temores fríos!
    Descanso de mi esperanza,
Fin de mis deseos cumplidos,
Centro de aquestos sentidos   2155
Y cielo que el alma alcanza,
    Gloria que esperé y temí,
Regalo que imaginé,

Premio de mi pena y fe,
Para quien sólo nací.   2160
   Hálleme agora la muerte,
Que esta noche me ha buscado.

JARIFA. ¡Ay, dueño de mi cuidado!
¿Posible es que vengo a verte?
   ¡Ay, mi bien, mi dulce esposo,   2165
Mi Abindarráez, mi señor,
Parte sola en quien mi amor
Ha dado al alma reposo;
   Luz de mi alma y sentido,
Vida de mi entendimiento,   2170
Consuelo en mi sufrimiento,
De mil celos oprimido;
   Rey desta alma y desta casa,
Destos brazos gusto, y vida
Desta tu esclava rendida,   2175
A quien justo amor abrasa!
   ¿Cómo vienes? ¿Vienes bueno?

ABIND. A tu servicio, y que fuera
Muerto, aquí vida tuviera,
Mi cielo hermoso y sereno.   2180

JARIFA.   ¿Cómo has pasado mi ausencia?

ABIND. Como sin tí, mi Jarifa;
Que es donde batalla y rifa
El seso con la paciencia.
   No me han faltado recelos,   2185
Miedos y desconfianzas.

JARIFA. ¡Miedos! ¿De qué?

ABIND.   De mudanzas,
Hijas de olvidos y celos.

Pero volviéndome a tí,
Todo quedaba seguro.   2190
Tú, ¿estás buena?

JARIFA.   Por tí juro,
Que es mucho jurar por tí,
  Y por esos ojos míos,
Juramento que no sale
Sino a fiestas, que no iguale   2195
El tuyo a mis desvaríos;
  Porque he pensado que allá
Ya tenías otro gusto;
Que de tu tardanza el susto
Aun aquí durando está.   2200
  ¿Cómo has tardado?

ABIND.   No sé;
Que buena priesa he traído.

JARIFA.   ¡Ay! que esposo tan querido
En hora buena lo fué.
  Llegada es ya la ocasión   2205
Que de aquestos brazos goces.

ABIND.   ¿Es posible que conoces
Mi enamorada afición?
  Sí conoces, pues la pagas.

JARIFA.   Ya en efeto soy tu esposa.   2210

ABIND.   Quiere Alá, Jarifa hermosa,
Que así mi amor satisfagas.

CELIND.   No estéis agora en razones:
Entra a dormir, Bencerraje.

JARIFA.   Mira si hay doncella o paje,   2215
Celindo, en esos balcones.

CELIND.   Todo está seguro.—Ven,

No os amanezca en hablar.

ABIND.   ¿Puedo entrar?

JARIFA.   Puedes entrar.

ABIND.   Voy, mi alma.

JARIFA.   Entra, mi bien.—   2220
Echa, amigo, esa alcatifa.

ABIND.   ¡Cuánto te debo, Narváez!
Por tí goza Abindarráez
De su querida Jarifa.   (*Vanse.*)

Sala en el castillo de Alora

ESCENA III

NARVÁEZ, NUÑO, PÁEZ *y* ALVARADO

NARV.   Descansen todos; que hoy a mediodía   2225
Concertaremos si salir podremos;
Que este descuido llaman cobardía
Los viles fronterizos que tenemos;
Y aunque la presa desta noche es mía,
Ya sé que su rescate partiremos;   2230
Y cuando me engañara Abindarráez,
Yo hice lo que debo a ser Narváez.
    Ponga todo hombre la acerada silla
Entre los mismos palos del pesebre,
Porque en diciendo la trompeta *ensilla*,   2235
Hasta el caballo la cadena quiebre.
Esté la lanza donde pueda asilla,
Con que en el campo su valor celebre,
Y el arnés que no falte hebilla o perno,
Que se vista mejor que algodón tierno   2240

Veamos si con esta pena o miedo
Su desvergüenza se sosiega un poco;
Que en no mostrando lo que valgo y puedo,
Luego el morisco vil me tiene en poco.
Presumirá llegar hasta Toledo,   2245
Según se precia de arrogante y loco,
Cuanto más hasta Alora y Antequera,
Si duerme aquí como en Argel pudiera.

PÁEZ.   Un moro pide para hablar licencia.

NARV.   ¿Es hombre principal?

PÁEZ.   Es un criado   2250
De Alara, según dice.

NARV.   ¡Ah, dura ausencia!
¡Con qué fiero rigor que me has tratado!
¡Oh leyes del honor, cuya inclemencia
Quita el gusto del alma procurado!
Gozar de Alara pude...mas no pude;   2255
Que pierde el bien quien al honor acude.

ESCENA IV

ARDINO—*Dichos*

ARDIN.   Con un pequeño presente
Alara salud te envía
Y esta carta.

NARV.   Gallardía,
Moro amigo, conveniente   2260
A su extremada hidalguía.
     ¿Cómo queda?

ARDIN.   Algo indispuesta,

Aunque para que compuesta
Viniese esta caja, ayer
Se levantó.

NARV.   Quiero leer   2265
Para darte la respuesta.
    (*Lee.*) "Ya que no me quieres bien,
No es de pecho principal
Sufrir que me traten mal;
Pues siendo tu amor desdén,   2270
Me han dado castigo igual.
    "De tí maltratada he sido
Con el desdén recebido;
De mi marido, de celos,
Porque me han dado los cielos   2275
Mal galán y peor marido.
    "Y pues que por tí me dan,
No admitiendo tu consejo,
Vida que de vivir dejo;
Ya que no como a galán,   2280
Como a mi padre me quejo.
    "Esas camisas labradas
Te envío, mal acabadas,
Por hacellas con secreto;
Que llevan, yo te prometo,   2285
Más lágrimas que puntadas.
    "La sangre que lleva una,
No la laves, que por tí
Me la sacaron a mí;
Porque no hay hora ninguna   2290
Que no me traten ansí.
    "Yo no pido que tu olvido

        Deje de ser lo que ha sido;
        Pero, pues por tí me dan,
        Sé enemigo o sé galán,   2295
        O dame mejor marido."
          —¡Cómo qué! Abenabó Arráez
        ¿Así cumplió el juramento?
        Que me haya engañado siento;
        Mas, ¡por vida de Narváez!   2300
        Que no se la lleve el viento.
          Moro infame, ¿no sabías
        Que mi propia vida herías,
        Que está en aquel pecho honesto?

NUÑO.   Tú tienes la culpa desto,   2305
        Por hacer alejandrías.
          Deja esas francas divisas;
        Que si gozaras de Alara,
        El moro no la llevara
        Donde te enviara camisas   2310
        Con la sangre de su cara.—
          (*A Ardino.*) ¿Que en aquel rostro has sufrido
        Hacer un corto rasguño
        Con el palo o con el puño?

ARDIN.   ¿Qué he de hacer, si es su marido?   2315
NUÑO.   Perro, aguarda.
NARV.   Escucha, Nuño.
NUÑO.   No hay escuchar. ¡Vive Dios,
        Que hemos de reñir los dos,
        Y que le he de dar mil palos!
NARV.   Aguárdate.
NUÑO.   ¡Qué regalos!   2320
ARDIN.   Señor, remedialdo vos
        Con poner miedo a mi amo,

Que os tiene miedo y respeto.

NARV.   Remediarlo te prometo
Por lo que la quiero y amo,   2325
Y por quien soy, en efeto.

ARDIN.   Vos, ¿tenéisla algún amor?

NARV.   Grande; pero por su honor
Y hacer a Arráez amistad,
Enfreno la voluntad   2330
Y doy la rienda al valor.

ARDIN.   Pues, señor, sabed que tiene
Concertado de matalla.

NARV.   ¡Matalla! Ni osar miralla.

ARDIN.   Creedme que lo previene.   2335

NARV.   Y ¿podré yo remedialla?

ARDIN.   Podrás, viniendo conmigo
Esta noche de secreto.

NARV.   Pues ármate, Nuño amigo;
Que esta noche le prometo   2340
Al moro infame castigo.
¡Camisa y ensangrentada!
¡Vive Dios, que, ésta vestida,
No se mude ni otra pida
Hasta que con esta espada   2345
Quite al perjuro la vida!

NUÑO.   Yo, aunque poco las refresco
Por el trato soldadesco,
Esta es bien que le consagre,
Aunque la cueza en vinagre   2350
Como herreruelo tudesco.
Vamos donde está ese galgo.
Pero escucha aparte.

NARV.   Di.

NUÑO.   (*Ap. a Narváez.*) ¿Habemos de ir cierto?

NARV.   Sí.

NUÑO.   Pues disfrázate con algo,   2355
          O vamos como yo fuí;
            Que aunque eres tan animoso,
          Podrá el perro malicioso
          Venderte a los de Coín.

NARV.   Para mí no hay, Nuño, en fin,   2360
          Peligro dificultoso.
            Yo he de ir a Coín.—Vos, Páez,
          Tened a punto la gente,
          Por si fuere conveniente.

ARDIN.   Seguro estás, gran Narváez.   2365

NUÑO.   No lo está mucho, pariente.
            Y ansí, vuelvo a aconsejarte.
          Oye, por tu vida, aparte. (*Habla bajo a Narváez.*)

ALV.   (*Ap. a Páez.*) ¡Qué mal hace el capitán!

PÁEZ.   Tales combates le dan   2370
          Ira, gusto, amor y Marte.

NARV.   A cuanto venga me obligo.

NUÑO.   Pues, señor, seguirte quiero.

NARV.   Darte mi ventura espero.
          Nuño, César va contigo,   2375
          Como él lo dijo al barquero.—
            Entra, moro, a descansar.—
          Tú, Nuño, empiézate a armar.

NUÑO.   Lo que llevé...

NARV.   ¿Cómo ansí?

NUÑO.   Un jaco.

NARV.   Dame otro a mí,   2380
          Y hazme el overo ensillar.   (*Vanse.*)

Jardín de casa de Zoraide en Coín

ESCENA V

JARIFA, ABINDARRÁEZ, CELINDO, BAJAMED,
ZARO, *músicos*

JARIFA.   Toda la casa se huelga
De mi bien y tu contento,
Porque de sólo tu aliento
Saben que mi vida cuelga.   2385
    No te escondas de ninguno.—
Llegad, besalde los piés.

BAJAM.   Quien señor de todo es,
¿Por qué se teme de alguno?
    Con nosotros te has criado,   2390
Bencerraje; ¿qué has temido?
¿O acaso estás encogido,
Como recién desposado?

ZARO.   Aunque al Alcaide tenemos
Por legítimo señor,   2395
De tu crianza el amor
Y obligación conocemos.
    Quien te tuvo por su hermano,
No será dificultoso
Que te tenga por su esposo.   2400

JARIFA.   Da, esposo, a todos la mano.

ABIND.   Los brazos les daré.—Aquí
Podréis estar a placer,
Viendo esta fuente correr.

JARIFA.   En otra te dí yo un sí,   2405
    En otra dueño te hice
Deste bien que hoy se confirma.
Aquí se rompió la firma,
Y la deuda satisfice.

    Viendo estas rosas y flores,   2410
Estos árboles y fuentes,
Tengo, Abindarráez, presentes
Nuestros pasados amores.

    Parece que aquí te veo
Enamorado y turbado,   2415
En mis respetos helado,
Y abrasado en tu deseo;

    Y salir llenas de amor,
Del alma tierna encendida,
Cada palabra vestida   2420
De diferente color.

    ¿Es posible que te ven
Mis brazos cerca de sí?
¿Que puedo llegarte a mí,
Y regalarte también?   2425

    Amor mío, no me olvides,
Que harás la cosa más fiera
Que en hombre humano cupiera,
Si tu ser al suyo mides;

    Que no debe de ser hombre   2430
En quien tantas gracias hay.
ABIND.   ¡Ay!
JARIFA.   ¿Qué dices, mi bien?
ABIND.   ¡Ay!
JARIFA.   Bien merece de ángel nombre.—

Celindo, Bajamed, Zaro,
¿No he sido yo muy dichosa   2435
En ser de tal hombre esposa?

CELIND.   Que es muy noble está muy claro,
    Y que fué elección discreta;
Pero él también es dichoso
En ser dueño y ser esposo   2440
De una mujer tan perfeta.
    Y puesto que humilde estás,
Acá os juzgamos tan buenos,
Que si él no merece menos,
No hallara en la tierra más.   2445
    Sentáos, y canten los dos
Mientras el almuerzo llega.

JARIFA.   O esto es verdad, o estoy ciega.
Más, mi bien, merecéis vos.
    ¿No es esto verdad?

ABIND.   ¡Ay, triste!   2450

JARIFA.   Canta, amigo.

ZARO.   ¿Qué diré?

JARIFA. (*A Abindarráez.*) ¿Qué extremo es ése? ¿Qué fué?

CELIND.   Di aquélla que ayer dijiste.

JARIFA.   Cualquiera podréis decir.—
Mandaldos, señor, sentar.   2455

ABIND.   Sentáos.

JARIFA.   ¡Tanto suspirar!

ABIND. (*Ap.*) ¡Ay, que estoy para morir!

ZARO. (*Canta.*) *Crióse el Abindarráez*
    En Cartama con Jarifa,
    Mozo ilustre, Abencerraje   2460
    En méritos y desdichas.

JARIFA.   ¡Dichosa el alma mía,
                  Que dió tan dulce fin a su porfía!

ZARO. (*Canta.*) *Pensaban que eran hermanos;*
                  En este engaño vivían;   2465
                  Y ansí, dentro de las almas
                  El fuego encubierto ardía.

JARIFA.   ¡Dichosa el alma mía,
                  Que dió tan dulce fin a su porfía!

ZARO. (*Canta.*) *Pero llegó el desengaño*   2470
                  Con el curso de los días;
                  Y ansí, el amor halló luego
                  Las almas apercebidas.

ABIND. (*Ap.*) ¡Triste del alma mía,
                  Que dió tan triste fin a su porfía!   2475

ZARO. (*Canta.*) *Quisiéronse tiernamente,*
                  Hasta que, llegado el día
                  En que pudieron gozarse,
                  Dieron sus penas envidia.

ABIND. (*Ap.*) ¡Triste del alma mía,   2480
                  Que dió tan triste fin a su porfía!

JARIFA.   No cantéis más. Bien está.
                  Bien os podéis todos ir.

CELIND. (*Ap.*) Algo le quiere decir.

JARIFA.   Salíos todos allá.   2485

BAJAM. (*Ap.*) Todo se lo quiere a solas.

ZARO. (*Ap.*) No toma el ser novia mal.

                  (*Vanse Zaro, Bajamed, Celindo y los músicos.*)

ESCENA VI

ABINDARRÁEZ, JARIFA

ABIND.   (*Ap.*) Del mar en que voy mortal
        Hasta morir llegan olas.

JARIFA.   Ingrato, esquivo, cruel,   2490
        Y el más villano del suelo,
        ¿Cuál hombre ha criado el cielo
        Que puedan fiarse dél?
          ¿Piensas que no entiendo más
        Que declaran tus suspiros?   2495
        Pues bien veo que son tiros
        Que al alma asestando estás.
          Con ellos y con los ojos
        Dices más que con la lengua,
        Para que trague mi mengua   2500
        Poco a poco tus enojos.
          ¿Quieres matar con sangría,
        O dasme el veneno a tragos?
        Los hombres ¡dais tales pagos!
        ¡Ay de la que en hombres fía!   2505
          ¿Qué suspiras, di, traidor?
        O ¿de qué estás triste, injusto,
        Después que ofrecí a tu gusto,
        Tras la vergüenza, el honor?
          ¿Qué es lo que en tal coyuntura   2510
        Te da pena y soledad?
        ¿Mi mucha facilidad
        O mi poca hermosura?

¿No has hallado agora en mí
Lo que ausente imaginabas,   2515
O en las penas que pasabas
Fué poco el bien que te dí?

Mas los maridos sois ríos,
Que, en allegando a la mar
De la noche del gozar,   2520
Perdéis del curso los bríos.

¿Tan fea soy, engañador?
¿Tan poco te he regalado?
Debes estar enseñado
A otra experiencia mayor.   2525

Si amartelado venías,
¿No era remedio bastante
Una mujer ignorante
Que para mujer querías?

Yo no supe más amores   2530
Que los que a tu boca oí:
Si sabes más, más me di;
Y si mayores, mayores;

Que esa en quien es bien que quepa
Tu alma, y que ansí la nombres,   2535
Aprendidos de otros hombres,
No es mucho que muchos sepa.

Vete, pues, tirano injusto,   (*Levántase.*)
Con tu gusto y mi deshonra;
Que es mejor quedar sin honra   2540
Que casada con disgusto.

Y yo me sabré matar.

ABIND. Detente, Jarifa mía;
Que si escucharte podía,

Fué querer tu amor probar.   2545
Escucha, espera.

JARIFA.   ¿Qué quieres?

ABIND.   Que menos traidor me nombres;
Que jamás los nobles hombres
Se burlan de las mujeres.

Oye, espera, por tu vida.   2550
No me hagas correr tras tí;
Que apenas me tengo en mí,
De dolor de cierta herida.

No soy yo ingrato a tus obras,
Pues vengo a ser tu marido;   2555
Ni el suspirar causa ha sido
De la sospecha que cobras.

No fué tu poca hermosura
O mucha facilidad;
Que eres ángel en beldad   2560
Y reina en la compostura.

Ni te imaginó mi amor
Más perfeta en mí pintada;
Que antes, después de gozada,
Me has parecido mayor.   2565

Ni soy río en la corriente,
Que en la mar he de parar;
Que es mi amor el mayor mar,
Y ansí es bien que el tuyo aumente.

Ni he venido amartelado;   2570
Que Dios sabe que tú has sido
Quien de aquesta boca ha oído
Amores que te he enseñado.

Alegra el rostro y escucha,

	Volviendo a tu gracia el alma,	2575
	Que está ya la vida en calma.	
JARIFA.	Y dime, ¿la herida es mucha?	
	¿Dónde la tienes? A ver.	
	¿Quién te hirió? ¿Cómo?	
ABIND.	Mi esposa,	
	No es herida peligrosa.	2580
JARIFA.	Todo lo quiero saber.	
	¡Ay de mí! que no era en vano	
	El quejarte y suspirar	
	Toda la noche.	
ABIND.	Has de estar	
	Atenta.	
JARIFA.	Di, esposo, hermano.	2585
ABIND.	¿Tu hermano soy todavía?	
JARIFA.	Fuése la lengua, perdona.	
ABIND.	El trato antiguo la abona.	
	Escucha, Jarifa mía:	
	Llegó a Cartama Celindo	2590
	Con tu carta, cuando estaba	
	El sol inclinado al sur,	
	Pardo y triste, y no sin causa.	
	Leíla, beséla, y díle	
	Albricias de mi esperanza,	2595
	Que se perdió en el ausencia,	
	Después de llena de canas.	
	Vestíme, hermosa señora,	
	Colores, plumas y galas;	
	Que un alegre pensamiento	2600
	Con todas tres se declara.	
	Bajé a nuestra huerta antigua,	

Y despedíme en voz alta
De los árboles y flores,
De las fuentes y las aguas.   2605
Díles mil abrazos tiernos,
Y ellos también se inclinaban
A darme para tí muchos,
Que aún tienen alma las plantas.
Puse al estribo las mías   2610
Sin el arzón, y a la casa
Le dije, volviendo el rostro:
"Piedras, Jarifa me aguarda."
No sé si me respondieron;
Pero sentí que sonaban   2615
Por largo trecho las fuentes:
O era envidia, o tu alabanza.
Estas por todo el camino,
Jornada, aunque breve, larga,
Iban alternando a veces   2620
Entre la lengua y el alma,
Cuando de unos robles verdes
Entre pálidas retamas
Oigo relinchos y voces,
Y alzo la lanza y la adarga;   2625
Pero al punto estoy en medio
De cinco lanzas cristianas;
Mas sin soberbia te digo
Que eran pocas otras tantas;
Y quizá porque eran pocas   2630
Trajo luego mi desgracia
Otras tantas de refresco,
Y una la mejor de España.

Este fué el alcaide fuerte,
Si sabes su nombre y fama,   2635
Que es de Alora y Antequera,
Y estaba puesto en celada.
Apartó sus caballeros,
Desafióme a batalla,
Como caballero fuerte,   2640
Cuerpo a cuerpo en la campaña.
Como era fuerza, aceté;
Y ansí, con la luna clara,
Comenzamos nuestra guerra,
Jugando las fuertes lanzas;   2645
Y pues al fin me venció,
No me alabo; decir basta
Que tenía tres heridas,
En brazo, muslo y espaldas.
No me las dieron huyendo;   2650
Pero quien con diez batalla,
También sospecho que tiene
En las espaldas la cara.
Don Rodrigo de Narváez,
Que asi el alcaide se llama,   2655
Me prendió y llevaba a Alora,
De sus diez hombres en guarda,
Cuando, viendo mi tristeza,
Si le contaba la causa,
Me prometió dar remedio;   2660
Y ansí, fué justo contarla.
Hizo el cristiano conmigo
Esta gentileza extraña
Con sólo mi juramento,

Porque le dí la palabra   2665
Que dentro el día tercero
Volvería a Alora sin falta
A ser su preso y cautivo.
Mira si es justo quebrarla,
Y mira, mi bien, si debo   2670
Llorar mi suerte contraria,
Pues le he de llevar el cuerpo
De quien tú tienes el alma.

JARIFA.   No es justo que a hombre tan noble
La palabra le rompáis,   2675
Sino que antes la cumpláis
Con satisfación al doble.

    Cuando os quisierais quedar,
No os lo consintiera yo;
Que a quien tan bien procedió   2680
No se le puede engañar.

    Gran valor mostró el cristiano,
Y obligó vuestro valor:
No han hecho hazaña mayor
César ni Alejandro Mano.   2685

    De la herida vuestra y mía
Paciencia habré menester,
Pues es forzoso volver
Dentro del tercero día.

    Pero perdonadme vos   2690
Si con esto os importuno;
Que si prometistes uno,
Es fuerza que le déis dos.

    Yo, que soy vuestra cautiva,
Tengo de ir con su cautivo,   2695

Porque si en vos, mi bien, vivo,
No es justo que sin vos viva.
Tracemos partir a Alora
Antes que mi padre venga.

ABIND.   ¿Quién hay, Jarifa, que tenga   2700
Tal esposa y tal señora?
No muestras menos valor
En ir con tu Abindarráez,
Que entonces mostró Narváez
Y aun creo que éste es mayor.   2705
Dame esas manos hermosas
Por la merced que me haces;
Que ansí por mí satisfaces
Obligaciones forzosas.
Conozco tu heróico nombre   2710
Y entendimiento en querer
Enseñarme, aunque mujer,
Lo más que debo a ser hombre.
Pues es forzoso ir a Alora,
Y quieres acompañarme,   2715
Hasta allá no he de curarme,
Si no lo mandas, señora.
Prevengamos la partida
Para que el día tercero
Cumpla a tan buen caballero   2720
La palabra prometida;
Que yo fío dél que allí
De nuestro remedio trate.

JARIFA.   Y cuando no haya rescate,
Yo daré el alma por tí.   (*Vanse.*) 2725

Huerta de una casa de labor de Arráez

ESCENA VII

ARRÁEZ, *atando las manos con un cordel a* ALARA

ARR.   Vuelve esas manos atrás,
          Y confiésame de plano
          Si te ha gozado el cristiano.

ALARA.   Digo que hablado no más.

ARR.   ¿De qué suerte?

ALARA.   No me aprietes.   2730
          Y ¡el traerme a tu heredad
          Fué para tal crueldad!
          ¡Bien cumples lo que prometes!

ARR.   Con este engaño he querido
          Quitarte la vida aquí.   2735
          Todo lo que pasa di,
          Pues sabes que lo he sabido.

ALARA.   Digo que siempre Narváez
          Me ha tratado con desdén,
          Aunque me ha querido bien,   2740
          Y ésta es la verdad, Arráez.
              La razón deste despecho
          No ha sido haberme olvidado,
          Sino sentirse obligado
          A la merced que te ha hecho;   2745
              Porque es de tanto valor....

ARR.   No le alabes.

ALARA.   Bien le alabo;
          Que no quiere que a su esclavo

Falte por su causa honor.

ARR. ¿Qué te ha enviado?

ALARA.   Aquel papel   2750
Que tú escribiste.

ARR.   Y ¿no más?—

(*Llévala a lo interior de la huerta.*)

Vista exterior de la casa de labranza de Arráez

ESCENA VIII

NARVÁEZ *y* NUÑO, *en hábito de moros, con* ARDINO

ARDIN.   Dentro en su heredad estás,
           Y aun pienso que cerca dél.

NARV.   Entre aquellos olivares
           Desta huerta hablando están.   2755

NUÑO.   Nuestros caballos se oirán:
           Bien es que aquí poco pares,
           Porque los ate en la cerca.
           Si hay yeguas en los establos,
           Relincharán como diablos   2760
           Si les da el viento de cerca.
           Vuélvete, señor, a Alora;
           Que hay grande peligro aquí.

NARV.   Nuño, en mi vida te ví
           Con miedo, sino es agora.   2765

NUÑO.   Señor, cuando solo vengo,
           Jamás temo al enemigo;
           Mas cuando vengo contigo,
           Miedo de perderte tengo.

NARV.	Pues calla, que es desvarío;	2770

NARV.   Pues calla, que es desvarío;   2770
        Y pues el cielo te ha hecho
        Sin poner miedo en tu pecho,
        No le pongas en el mío.
            Cuanto más, que no habrá aquí,
        Siendo en el campo heredad,   2775
        Tanta gente.

ARDIN.   Así es verdad.

NARV.   Y algo valdré yo por mí.
        Escuchemos lo que pasa.   (*Vanse.*)

Trozo de olivar en la huerta

ESCENA IX

ALARA, *atada;* ARRÁEZ; *después,* NARVÁEZ, NUÑO *y* ARDINO

ARR.   No se excusa tu castigo,
        O me dirás si Rodrigo   2780
        Ha entrado en mi propia casa.
        (*Salen Narváez, Nuño y Ardino, sin que los sientan, y*
                    quédanse escuchando.)

NARV. (*Ap. a Nuño.*) De mí la pregunta. Escucha.

ALARA. Jamás le he visto en Coín.

NUÑO. (*Ap.*) Él la da tormento, en fin.
        Debe de ser de garrucha.   2785

ARDIN. (*Ap.*) Él la debe de matar.

ARR.   Y tú, cuando a verme fuiste,
        ¿Qué hiciste con él? ¿Qué hiciste?

ALARA. No más de hablar.

ARR.   ¿Sólo hablar?
        ¿Qué te dijo?

ALARA.   Que si hubiera   2790
Sabido que era mujer
Tuya, se dejara arder
Primero que me escribiera.

ARR.   Más paso. Di la verdad,
Perra, que te mataré.   2795

ALARA.   ¡Ay, que me matan!

NARV.   ¿Podré,
Nuño, sufrir tal crueldad? (*Ap. a él.*)

NUÑO.   Aguarda.

ARR.   Y ese villano,
Ese cobarde Rodrigo,
¿Podrá a tan justo castigo   2800
Agora impedir mi mano?
    Que si la ponía en tí,
Dijo que a Coín vendría
Y mi casa quemaría,
Y aun dijo que dentro a mí.   2805
    ¡Por Alá, que habló el villano
Tal, que me obliga a reir
De ver que entrar y salir
Le parezca que es tan llano!
    ¡Oh Rey, que por eso pasas!   2810
¿Que digan cristianos quieres
Que forzarán las mujeres
Y pondrán fuego a las casas?
    ¿Quién dió a Narváez cuidados
De los casamientos? Di.   2815
¿Por dicha es nuestro alfaquí,
Que compone los casados?
    El habla entre su canalla;

Que aquí, no sé si conmigo
Osara el perro enemigo   2820
Cuerpo a cuerpo hacer batalla;
 Que no hay una hormiga en él,
Ni en otros diez, para Arráez.

NARV. (*Adelantándose.*) Aquí tienes a Narváez,
 Moro villano y cruel.   2825
 Desnuda presto la espada.

ARR. (*Ap.* ¡Ay de mí! vendido soy.)
 Señor, a tus piés estoy,
 Y te la rindo envainada.

NARV. ¿Por qué tan humilde quieres   2830
 Ofender tus altos nombres?

ARR. Porque todos somos hombres
 Hablando con las mujeres.
 Mal mi palabra cumplí.
 Pues has visto lo que pasa,   2835
 Ves aquí, señor, mi casa:
 Abrásame en ella a mí.

NUÑO. (*Fisgando.*) "¿Quién dió a Narváez cuidados
 De los casamientos? Di.
 ¿Por dicha es nuestro alfaquí,   2840
 Que compone los casados?
 ¿Osara el perro enemigo
 Cuerpo a cuerpo hacer batalla?"

NARV. ¿Por qué Alara, Ardino, calla,
 Y no viene a hablar conmigo?   2845

ALARA. Porque sé que has de dejarme
 Otra vez en el poder
 Deste moro, y ha de ser
 Ocasión para matarme.

NARV.   No será: fiad de mí.   2850
           Tomemos nuestros caballos,.
           Que a Alora quiero llevallos.
NUÑO.   Bien haces. Vamos de aquí.
ARR.   ¡A qué punto, triste moro,
           Te han traído injustos celos!   2855
ALARA.   ¡Ay, mi alcaide de los cielos!
NARV. (*Ap.*) ¡Ay, Alara, que te adoro!   (*Vanse.*)

Sala en casa de Zoraide

ESCENA X

ZORAIDE, CELINDO, BAJAMED, ZARO

ZOR.   ¿Qué es lo que dices, bárbaro enemigo?
CELIND.   Córtame, gran Alcaide, la cabeza,
          Si te parece que la culpa es mía.   2860
ZOR.   ¿Adónde está Jarifa?
CELIND.   No presumas
          Que alguno de tu casa parte ha sido
          Para tanta desdicha.
ZOR.   Dime luego
          Quién la llevó y adónde está, Celindo,
          O pasaréte aquese infame pecho.   2865
CELIND.   Señor, cuando a Granada te partiste,
          Vino aquí de secreto Abindarráez,
          Y se casó con ella.
ZOR.   ¡Ah, santo cielo!
          Cumplióse lo que yo siempre temía.
          ¿Que en fin el mal nacido Abencerraje   2870

Se casó con Jarifa? Pues di, perro,
¿Quién le dijo que no era hermano suyo?

CELIND. Dicen que ha mucho que ellos lo sabían,
Y que casados de secreto estaban.

ZOR. ¿Dónde la tiene agora?

BAJAM.   El miedo tuyo   2875
Por ventura le esconde de tus ojos.

CELIND. No es miedo, Bajamed, que ha sido fuerza
Ir a Alora los dos, porque era preso
De su alcaide Narváez, y al tercer día
Juró volver, si libertad le diese;   2880
Y ella, como mujer, con él ha ido,
Ansí por no esperar tu justo enojo,
Como por no dejar a su marido.

ZOR. Ensíllame un caballo, ponle a punto.
Dame una lanza y una adarga fuerte;   2885
Podrá ser que le alcance en el camino.

CELIND. Bien puede ser.

ZOR.   ¡Ah, fiero Bencerraje,
Deshonra de mi honor y mi linaje!   (*Vanse.*)

Sala en el castillo de Alora

ESCENA XI

NARVÁEZ, ALARA, ARRÁEZ, NUÑO

NARV. Ya que en Alora estáis, mi dulce Alara,
Pruebe vuestro cruel fiero marido   2890
El gusto de escuchar estos requiebros,
Pues no quiso sufrir celos injustos.

ALARA.　Ya no es aquese nombre el propio suyo,
　　　　Que yo, señor, me he de volver cristiana.

ARR.　　Ni yo quiero tener el que he tenido;　　　2895
　　　　Que quien tiene mujer que le da celos,
　　　　Mejor dirá que tiene sobre el pecho
　　　　Un águila que come sus entrañas,
　　　　Un monte grave y una eterna pena.

NARV.　Si vos cristiana habéis de ser, señora,　　2900
　　　　Daréle libertad, y a Coín se vuelva.
　　　　Y vos podréis quedaros en Alora,
　　　　Donde no os faltará lo que perdistes.

ARR.　　Pues eso quiero; y si sufrir no pude
　　　　Mujer hermosa, viviré sin ella,　　　　　2905
　　　　Y haré cuenta que es muerta; que bien puedo,
　　　　Pues si es cristiana, no es la que solía.

NARV.　Primero que a Coín vuelvas, Arráez,
　　　　Le has de dar la mitad de tu hacienda
　　　　Para que viva aquí; si no, no creas　　　2910
　　　　Que deste cautiverio libre escapes.

ARR.　　Y es poco lo que pides; yo me ofrezco
　　　　De darla con qué viva, y es partido
　　　　A trueco de escapar de sus rigores.

NARV.　Pues alto: en esto queden concertados.　　2915

ESCENA XII

PÁEZ—*Dichos*

PÁEZ.　　Dame, señor, albricias.
NARV.　　　　　　　　　　　Buenas sean.
PÁEZ.　　Su palabra ha cumplido Abindarráez.

NARV. No esperé menos de su nobleza;
       Que al fin acude a lo que debe en todo.
PÁEZ. Y trae su persona acompañada   2920
       De una bella morisca rebozada.

ESCENA XIII

ABINDARRÁEZ, JARIFA—*Dichos*

ABIND.   Danos, ilustre Narváez,
         Los piés a mí y mi esposa.
NARV.   Bien vengáis, Jarifa hermosa,
         Y vos, noble Abindarráez.   2925
ABIND.   Bien merezco lauro y palma
         De la merced que recibo,
         Pues, siendo el cuerpo el cautivo,
         Te vengo a traer el alma.
JARIFA. Yo, famoso don Rodrigo,   2930
         Como a quien de tu valor
         Cupo la parte mayor,
         Tu nombre alabo y bendigo;
         Y así, vengo a ser tu esclava.
NARV.   Mi señora seréis vos.   2935
         ¡Cuán justamente a los dos
         El cielo a amar inclinaba,
         Que sois en extremo iguales!
         Y estad vos, Jarifa hermosa,
         De Abindarráez quejosa,   2940
         Que dice de vos mil males;
         Que aunque mucho me decía,

Hallo agora más en vos,
Y es grande engaño ¡por Díos!

JARIFA.   ¡Qué extremada cortesía!   2945
Antes, si él os engañó
Con deciros bien de mí,
Vengo a estar corrida aquí.

NARV.   El que lo ha de ser soy yo;
Que si tal huésped creyera   2950
Que mi pobre casa honrara,
De otra suerte la ensanchara
Para que mejor cupiera.

Pero si en la voluntad,
Como en la casa, se vive,   2955
Esta el alma os apercibe
Y os da a vos su libertad.

Ya sois, señor Bencerraje,
De Jarifa: andad con Dios.

ABIND.   Ella y yo somos de vos   2960
Con justo pleito homenaje.

JARIFA.   Señor, no me desechéis,
Que quiero yo ser muy vuestra.

NARV.   Sujeta el alma se os muestra
Para que vos la mandéis.   2965
Y perdonad si no había
Preguntado cómo estáis.

JARIFA.   Con la salud que me dais,
Dando vida a la que es mía.

NARV.   ¿Cómo va de las heridas?   2970

ABIND.   Un poco las tengo hinchadas.

NARV.   Aquí os serán bien curadas
De quien os diera mil vidas.

ESCENA XIV

ZORAIDE, *moros—Dichos*

ZOR. (*Dentro.*)   Digo que tengo de entrar.
NARV.   ¿Qué alboroto es ése?
ZOR. (*Saliendo.*)   Afuera.   2975
    Si en tu casa no estuviera....
NARV.   Vuelve la espada a envainar,
    Y di quién eres.
ZOR.   Yo soy
    El alcaide de Coín.
NARV.   Ya sé tu enojo, y en fin,   2980
    De por medio agora estoy.
    Deja, famoso Zoraide,
    Las armas; que esto ya es hecho.
ZOR.   Por tí las dejo, a despecho
    De mi honor, famoso Alcaide.   2985
    No pudieran venir ellos
    A otro sagrado mayor.
NARV.   Si estos son yerros de amor,
    Ya viene el perdón con ellos.
    Noble es el Abencerraje;   2990
    Por tu hijo le has tenido:
    Que le perdones te pido,
    Pues es de honrado linaje.
ZOR.   ¿Cómo te puedo negar
    Cosa que tan justa es?   2995
NARV.   Besa, Abindarráez, sus piés.
ABIND.   Temblando habré de llegar.—
    Llegad, Jarifa, también.

ZOR.	Por mis hijos los recibo.	
	Mas quedáos con el cautivo.	3000
NARV.	Es de Jarifa.	
ZOR.	¿De quién?	
NARV.	A Jarifa se le dí.	
JARIFA.	Yo, señor, le doy a vos.	
NARV.	Pues yo os entrego a los dos.	
ZOR.	Yo a vos tres, dándome a mí;	3005
	Y os daré seis mil ducados	
	Por los tres.	
NARV.	Esos le doy	
	A Jarifa.	
JARIFA.	Vuestra soy.	
NARV.	Queden al dote obligados.	
JARIFA.	Dos arcas de ropa blanca	3010
	De mi mano os enviaré.	
NARV.	Esas solas tomaré,	
	Por ser de mano tan franca.	
ZOR.	Su yerro juzgo por dicha.	
NARV.	Y yo haberos obligado.	3015
	Aqui acaba, gran Senado,	
	El remedio en la desdicha.	

Printed in the United States
By Bookmasters